[あじあブックス]
042

「正史」はいかに書かれてきたか

竹内康浩

大修館書店

はじめに

かつて中国で、歴史を書くことを禁止する、という命令が出されたことがある。

それは、隋《ずい》王朝の時代のことである。聖徳太子（近年の論調からは廐戸皇子《うまやどのおうじ》と言うべきか）が、小《お》野妹子《ののいもこ》を派遣したという、あの隋である。その遣隋使は隋の第二代、煬帝《ようだい》の時に派遣せられたものであって、隋を開いた初代皇帝は文帝、名は楊堅《ようけん》という。歴史を書くことを禁止する、という命令を出したのはこの人である。隋王朝のことを記した歴史書『隋書』の彼の伝記の部分である高祖紀に次のようにある。

（開皇十三年）五月、癸亥《きがい》（の日）、詔《みことのり》し、人間《じんかん》に国史を撰集し、人物を臧否《ぞうひ》する者有らば、皆《み》な禁絶せしむ。

開皇十三年は西暦なら五九三年、文中に出てくる「人間」とはここでは民間の意味であり、「臧否」とは善悪の判断をすることである。従って、この詔の言うところは、もし民間人で国の歴史を著作編集しようとしたり、過去の人物についてその善悪を批評しようとするものがいるならば、以後はそれを禁ずる、というものなのである。なお、同じ年、文帝は、民間人が「緯候《いこう》・図讖《としん》（いずれも未来の吉凶禍福などを予言した書物）」を隠蔵することを禁止している（『隋書』では二月、『資治《しじ》通鑑《つがん》』では七月のこととなっている）。書くことの禁止と持つ（ひいては読む）ことの禁止と、二方面について文帝は禁令を出したことになる。

文帝が、なぜこのような禁令を出したのか、『隋書』にはその理由を全く記していない。しかし、もちろん理由がないわけはない。「何となくただ出してみた」とか「別に意味はない」とかいうようなことはあり得ない。皇帝が詔として出したものであるからには、やはりよほどの理由があるに相違ない。そして、『隋書』がその理由を明記しないのは、その理由がむしろよほど自明のことであるからに相違ない。

あるいは以下のような事件もあった。この隋の文帝に先立つこと約五百年、後漢王朝の時代、班《はん》固《こ》という人物がいた。前漢王朝一代のことを記した『漢書』という立派な歴史書を著した人物である（その当たりの詳細は後述）。その『漢書』執筆が本格化する前、班固は一度投獄されている。ある人物が彼を告発したのであるが、その罪状は、「私に国史を改作する」（『後漢書』班固伝）ということなのであった。

班固の投獄と隋文帝の禁令とはつながるものがある。民間人が歴史を語ることを嫌っている、ということである。歴史はどうやら下々の者が関わりを持ってはいけない、よほど重大なものであるらしい。

今では、専門書はもとより小説の類も本屋に普通に並び、読むのも持つのも自由であるし、さらには自ら書くことさえも自由であるけれども、かつてはこれはすこぶる重大な意味を持つ事柄であったらしい。それはいったい何故であろうか？　本書はこの問いに答えようとするものである。中国の歴史書がどのようにして成り立ち、書き継がれたものであるか、その様子を見ていくと上の疑問に対する答えは明らかになってくる。そして、その結果、それは歴史書の歴史であるだけではなく、まさにそこに人間の歴史そのものがある、と言いたくなるような重みを持って、我々に迫ってくる。その重みは、時が移っても軽くなってはいない。むしろ巨大な塊となって、あるいは形を変えて、我々に襲いかかってくる。我々はそれに立ち向かわなければならぬ。乗り越え克服する、というのではなく、格闘することに意義がある。「常に紳士であろうと心掛ける者が紳士である」というのと同じで、重要なのは、いろいろと襲いかかってくる力に気づき、それに立ち向かうことである。さて、歴史の重みにつぶされないよう、耐えられるであろうか？

目次

第3章 「正史」の形成と展開 …… 55

第4章 記録する側の論理 …… 107

第1章

『春秋』の虚実

1 『春秋』という書物

歴史書の初めとしての『春秋』

本書が対象として扱うのは中国の歴史書である。ところで、一口に「歴史書」と言っても、その中に含まれる書物の種類・ジャンルは極めて多数にのぼる。現在の我々の言葉としては、昔の人が書き残した歴史資料も、現代の学者が書いた歴史の概説書もいずれも歴史書という一言でくくってしまうことになる。しかし、現代の学者が書いた「歴史書」は、当面、私が問題としたいところからは外れる。私が問題としたいのは、あくまでも、昔の中国人が書いた、現在では一般的に歴史資料として通常用いられる書物なのである。したがって、ここではそれを歴史書と呼び、それを専ら考察の対象とすることとする。

このような意味で、中国における最初の歴史書と言い得るのは『春秋』である。『春秋』は、儒家の教科書、いわゆる五経の一つとして極めて尊重されてきた書物であった（ちなみに、五経の他の四つは『詩経』・『書経』・『易経《えききょう》』・『礼記《らいき》』である）。そもそもは『春秋』は、中国がまだ統一されず多くの国に分裂していた時代、諸侯の一つであった魯《ろ》の国の公室の記録である。魯の君主の在位の年を基本に、年代的には、隠公《いんこう》元年から哀公《あいこう》十四年まで、西暦にすると紀元前七二二年から紀元前四八一年までをカバーしている。そこで、この年代に当てはまる当時の中国を、この本の名にちなんで「春秋時代」と称しているわけである（実際には、さらに前後それぞれ五十年ほどをも含めて春秋時代と言う）。『春秋』は、そもそもは右に記したように魯の国の公室の記録であるけれども、内容的には決して魯国に限定されたものではなく、そこに書かれたさまざまな事件は当時の諸侯国のほとんどにわたるから、もちろん記事の数の多い少ないの差はあっても、当時の中国（と考えられていた）全地域に関する記録と見なしてよいわけである。

書物としての『春秋』という名は、実はこの魯の記録だけに限ったものではない。当時存在した列国の年代記はそれぞれ名前が付いていて（つまり、単に『年代記』と題していたのではない）、楚《そ》の場合は『檮兀《とうごつ》』、晋《しん》の場合は『乗《じょう》』という名称であったと伝えられる。残念ながらそれらは早く失われてしまっていて、現在見ることはできない。そうした中、燕《えん》・宋《そう》・斉《せい》の三国の記録は、魯と同じく『春秋』という名であったという（『墨子《ぼくし》』明鬼《めいき》編の記事による）。なるほど、さかのぼってみれば「春秋」という語は「一年」の意味であり、それによってそのままその年その年を記してゆく年代記のタイトルとも成り得るわけである。つまり、「春秋」とはもともとは一般名詞であり、それが後に特定の書物としての『春秋』を指すものとなったのであった。

孔子と『春秋』

我々が現在目にする『春秋』は、前述の如く魯国の年代記の形をとっているけれども、魯の『春秋』のオリジナルのままではない、とされる。この書物は、儒家の教科書として尊重され、今日まで伝えられて来たのであったが、それが何ゆえであったかと言えば、儒家の開祖である孔子が『春秋』の編纂に深く関わっており、しかもこの本の中に彼の強い主張が込められている、とされてきたからである。春秋時代あるいは戦国時代の他の国の年代記が残らず、魯の『春秋』が滅ぶことなく今日まで残ったのには、こうした言い伝えが果たした役割が絶大であろうと思われる。現在我々が見るところの『春秋』と呼ぶ書物も、魯のオリジナルの年代記の『春秋』ではなく、この孔子がその編纂に関わったとされる『春秋』を指すものにほかならない。したがって、この言い伝えが果たした役割は極めて大きかったと言わねばならない。

それにもかかわらず、現在我々が見る『春秋』が真に孔子の手を経たものであるかどうかというまさにその肝心の点については、実は何も確証はない。それどころかむしろ疑問が大きいと言った方がよいであろう。孔子と『春秋』との関係について最初に言い出したのは、戦国時代、いわゆる諸子百家の一人、孟子である。孟子（名は孟軻《もうか》）の著した『孟子』の中に、次のようにある。

世衰え道微にして、邪説暴行作《おこ》るあり。臣にしてその君を弑《しい》する者これ有り。子にしてその父を弑する者これ有り。孔子懼《おそ》れて春秋を作る。春秋は天子の事なり。是《こ》の故に孔子曰《いわ》く、我を知る者はそれ惟《た》だ春秋か、我を罪する者もそれ惟だ春秋か、と。……孔子、春秋を成して、乱臣賊子懼る。

『孟子』滕文公《とうぶんこう》下

道徳は廃れ、家来が主君を殺害し、子が父を殺害する、そんなことが珍しくなくなった。このような世の乱れを憂えて、孔子は『春秋』を著した。『春秋』は、天子（周王）を頂点とする秩序体系を理想とする。孔子は、「私の意図は『春秋』によって明らかとなる。だから、もし私が責められることがあるとすれば、それは『春秋』によってである。」とまで言った。このような孔子の強い主張のもと、できあがった『春秋』は、時の乱臣賊子を震え上がらせるに充分なものであった、と孟子は言うのである。孔子が『春秋』を著したということをここには明確に述べている。『孟子』

にはまた別の箇所でも孔子と『春秋』の関係について触れている。

王者の迹《あと》熄《や》んで詩亡《ほろ》ぶ。詩亡びて、然《しか》る後、春秋作る。晋の乗、楚の檮杌、魯の春秋は一なり。その事は則《すなわ》ち斉桓《せいかん》・晋文《しんぶん》、その文は則ち史。孔子曰く、その義は則ち丘《きゅう》（孔子の名）窃《ひそか》にこれを取れり、と。

『孟子』離婁《りろう》下

いにしえの王者のことが廃れて詩は滅び、その後に『春秋』は成った。晋の『乗』、楚の『檮杌』、魯の『春秋』など、それ以前に存在した歴史書に依りつつ、孔子はそこから「義」を取ったのだという。これも孔子が『春秋』を著した意図について暗示している文である。

これらの『孟子』の文をどのように解釈するかについては、これまでに極めて多くの議論がある。何と言っても、『孟子』のこれらの記述には信頼が置けない、とする議論が多い。例えば、『春秋』に孔子による序文が付いているわけでもなく、現在の『春秋』それ自身の中に孔子の関与が明らかな部分は全くない。加えて、孔子の生前の言行を詳しく集めた書物に有名な『論語』があるが、その中には孔子と『春秋』との関係について触れた箇所が一つもないのである。こうしたことから、右に挙げたような『孟子』の説は疑わしい、とはよく言われるところである。確かに、孟子がいかなる根拠に基づいてこのような説を述べたのかについては、疑問がある。『春秋』という書物の伝播や春秋学の系統の問題においては、こうした点について充分に考察する必要がある。しかし、本書の関心から言えば、要は、孔子と『春秋』との間に深いつながりがあると『孟子』が主張している、ということを確かめておけば充分である。この問題に関する議論を一々紹介していては先へ進めないし、また、ここではそれらにこだわる必要もない。儒教の歴史の上でのこの孟子という人物の位置の高さから、孟子のこの説は後世の学者によってずっと信じられてきたのであり、そしてそれが後世の人々の思想・行動の前提になっていたことこそが、本書にとっては重大な問題なのである。また、孔子が『春秋』を著した動機が、世の道徳の衰微を嘆いての結果、道徳的な批判を行うことにあった、とされていることを忘れないようにしよう。後に述べるように、そこに『春秋』という書物の本質、ひいては中国における歴史学の発生のきっかけが認められるからである。

孔子像（歴代古人像賛）

『春秋』という書物の体裁

『春秋』の記述は、各年毎に、原則的には月と日（干支で示される）を備えた形で出来事を記していく、というスタイルをとる。具体的に、『春秋』の隠公元年（前七二二年）の記事を下に掲げてみよう（なお、以下、『春秋』の文を経文と称することもある）。

元年春、王の正月。
三月、公、邾《ちゅ》の儀父と蔑《べつ》に盟す。
夏五月、鄭伯、段に鄢《えん》に克《か》つ。
秋七月、天王、宰咺《さいけん》をして来たりて恵公・仲子の賵《ぼう》を帰らしむ。
九月、宋人と宿《しゅく》に盟す。
冬十有二月、祭伯、来たる。公子益師《えきし》、卒す。

これが、『春秋』隠公元年の全記事（経文）である。見てのとおりあまりにも簡単な記述で、それぞれの記事の意味するところがこれでは何のことかさっぱりわからない。それぞれの事件の背景も、登場人物のプロフィールや相互の関係も、そして人々の行動の意味も、まるでわからないと言うほかない。のちに、宋の時代の王安石（一〇二一～八六）は『春秋』を「断爛朝報《だんらんちょうほう》」、すなわち「官報の切れっ端」と言ってけなしたけれども、確かに右に見るような調子では、そのように言われても仕方がない。しかし、幸いなことに、『春秋』には、その内容を詳しく説明した『春秋左氏伝』『春秋公羊《くよう》伝』『春秋穀梁《こくりょう》伝』という三種の注釈書がある。これらはいずれも紀元前から存在するもので、『春秋』講読の伝統に乗る、貴重な書物である。これらを参照すれば、右のような『春秋』の個々の記述の具体的な内容・意味を理解することが可能となる。そのせいもあろう、現在我々が見る『春秋』は、『春秋』まさにそれだけで単独の書物となっていることはなく、必ずいずれかの注釈書（右の三種に限らず）と併せて、一つの書物に仕立てられている。また、とりわけ『春秋左氏伝』は分量も多く、説話に富み、最も参考となるものであるから、以下も、この『春秋左氏伝』に主に依拠しつつ、文を進めてみよう。

春秋三傳比義　一四

以弑，則曰君無道也，又曰君惡甚矣。于莊公之誅亂臣，則曰養成弟惡而殺之，使君父于凡桀驁悖逆之臣子，眞有進退維谷之勢，如此，則春秋乃助亂之書，豈可訓乎？」

秋七月，天王使宰咺來歸惠公仲子之賵。

左氏：秋七月，天王使宰咺來歸惠公仲子之賵，緩，且子氏未薨，故名。天子七月而葬，同軌畢至，諸侯五月，同盟至，大夫三月，同位至，士踰月，外姻至。贈死不及尸，弔生不及哀，豫凶事，非禮也。

公羊：宰者何？官也。咺者何？名也。曷爲以官氏？宰士也。惠公者何？隱之考也。仲子者何？桓之母也。何以不稱夫人？桓未君也。賵者何？喪事有賵，賵者蓋以馬，以乘馬束帛。車馬曰賵，貨財曰賻，衣被曰襚。桓未君，則諸侯曷爲來賵之？隱爲桓立，故以桓母之喪告于諸侯。然則何言爾？成公意也。其言來何？不及事也。其言惠公仲子何？兼之，兼之非禮也，何以不言及仲子？仲子微也。

穀梁：母以子氏，仲子者何？惠公之母，孝公之妾也。禮，賵人之母則可，賵人之妾則不可，君子以其可辭受之，其志不及事也。賵者何也？乘馬曰賵，衣衾曰

三種の註釈書がいっしょに印刷された『春秋』（『春秋三伝比義』より）

いわゆる「春秋の書法」

さて、『春秋』という書物それ自身は右に掲げたような形式をとっており、まさに単なる事実の集積としか言いようがない。そうした形式をとること（選んだこと）自体に、本来的には理由があるはずである。ただし、孔子であれ他の誰であれ、『春秋』の著者がそのことについて直接述べていないためにそれは不明であると言うほかはない。しかし、『春秋』が孔子の著作であるとする説を採る司馬遷（前漢、武帝期の人）は、当時の大学者であった董仲舒《とうちゅうじょ》の説として、次のように言う。

周の道が衰えたころ、孔子は魯の司寇《しこう》（刑罰をつかさどる官）であった。諸侯はかれをにくみ、大夫はかれをさまたげた。孔子はかれの言葉が用いられず、正しい道がおこなわれないと知り、［魯の隠公より哀公まで］二四二年間の事実の正しいか否かをさだめ、天下の規範とした。天子をもおとしめ、諸侯をもしりぞけ、大夫を糾弾し、それでもって王者のなすべき事を知らしめようとしたのであって他意はない。孔子は言われた。「わしは空しき言にしるそうとしたが、実行された事においてあらわしたほうが深く適切でいっそう目にたつのに及ばない」と。

『史記』太史公自序《たいしこうじじょ》

司馬遷（あるいは董仲舒）によると、孔子は、その主張を述べるには一般的・抽象的議論では説得力が必ずしも充分ではないので、むしろ既に起こった出来事に即して、その事件のどこがよいかどこがよくないか、誰がよいかよくないのか、そしてどうあればよいのかについて述べた方がよい、と判断し、そのため年代記のスタイルを借りて『春秋』を著した、ということになる。先に引いたような『孟子』の説を承け、漢代の儒家にはそのような説が広まっていたのであろう。然らば、孔子のそうした批判は、『春秋』の記述の中に具体的にどのような形で表されているのか（正しく言うと、表されていると考えられていたのか）。先に引いた隠公元年の記事の中から「夏五月、鄭伯、段に鄢に克つ。」の文を例にとって説明しよう。

この「夏五月、鄭伯、段に鄢に克つ。」という記事は、『春秋』経文の中では前に伏線はなく後にはその後の展開もない、全くこれ自身単独で存在している文である。原文にすると「夏五月鄭伯克段于鄢」というたった九文字の中に、果たしていかなる含蓄が込められているというのか。

この事件は、春秋時代の諸侯国の一つ、鄭の国で起きた、鄭の君主とその弟の兄弟による戦いである。兄（荘公）が即位したのち、弟の段は母親にかわいがられているのをいいことに事ごとに兄である荘公に逆らい、領地の増大など図に乗った要求を出し、ついには母親と共謀して荘公へ戦いを仕掛けてくる。かねてよりそれを予見していた荘公は、直ちに兵を発して迎え撃って鄢の町で段を破り、段は他国へ出奔する、というのがそのあらましである。

『春秋』それ自身（経文）は先に示したような九文字でこの事件を片付けているだけであるけれども、注釈書の一つ『春秋左氏伝』によると、この「夏五月鄭伯克段于鄢」という記述には次のような意味が含まれているのだという。まず、当事者の一方である弟について、「段」とだけ書いて荘公の弟であることを敢えて言わないのは、段が弟としてふさわしくない行いをしたからである。一方、「鄭伯」と書いて敢えて「兄」と書かないのは、弟を善導できなかった点が批判されているのである。「克」という通常は戦争について用いる表現をしたのは、この場合、一個人対一個人の争いではなく、二国間での戦争のような厳しい状況であったからである。そして、事件の結末である段の出奔まで書いていないのは、兄の鄭伯（荘公）にも責任があるので、いささか憚ったのである、と。以上が、『春秋左氏伝』の説く、この部分の『春秋』経文の記事の意味である。

短く切り詰めることの意味

さて、『春秋左氏伝』のこうした説明が正しいかどうか、そのことはここでは問わないでおこう。もしも正しいのだとすると、『春秋』という書物は、やはりそれ自身だけではさっぱり意味のわからない、ずいぶん不完全な本であると言わざるを得ないことになる。正しくないのだとすると、注釈書としての『春秋左氏伝』は勝手なインチキを講釈した本ということになってしまう。いずれの場合であっても傷つけ合うのは儒家の経学の中でのことで、我々にとっては少なくともここでは関係がない。要は、『春秋』という本は微妙な言い回しに深い含蓄を込めた本だというように信ぜられ、解釈されて来た、という、この過去の現実こそが重要なのである。そして、それは、『春秋』が、偉大なる聖人、孔子の手になる、という言い伝えに基づいてのことであった、ということがまた重要なのである。『春秋』という書物が、個々の事件（事実）について、いかにも説明不足であることは、右に引いた部分だけからでも充分にうかがい知れる。

ある事件・事実について事細かに記すというようなことが当時はなかったのか、と言えば、それは全くそうではない。既に西周時代の青銅器には、ある出来事について百字前後の文章で述べている例が珍しくない。毛公鼎《もうこうてい》という器の銘文のように、五百字近い文章の例すらあるのである。当時の人にだって、書こうと思えばいくらでも長く書けたのである。そうしてみると、『春秋』の場合には、むしろよほど意識的に文を切り詰めた、ということを想定してもよいのかもしれない。

また、先に引いた隠公元年の例では、結局一年間について、月にして六カ月、七つの事柄しか記していない。今見る『春秋』が、完全なものでないことは指摘される通りではあるけれども、だからといって中味の大半が失われてしまったり不完全というほどではあるまい。一年間についてたったこれだけしか記事を残さない、というのでは、「記録」という意味では『春秋』はあまりにも貧困である。つまり、根本的に記事数が少ない、各記事それぞれの字数（説明）が少ない、という特徴を『春秋』という書物は持っている。公室の記録ならば、もう少しましな分量なり書き方なりが

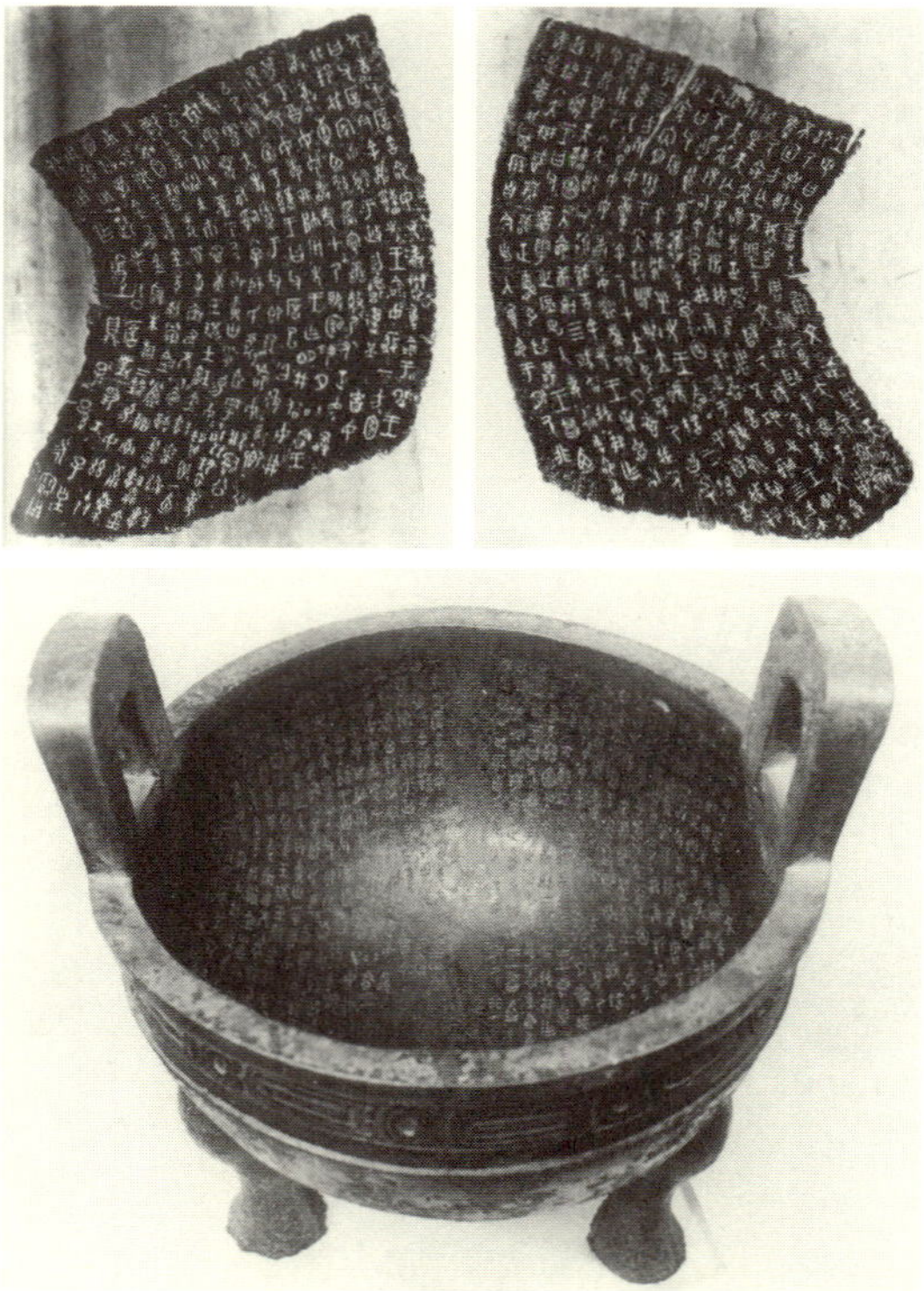

毛公鼎　西周時代末、宣王期の器で、毛公が王から官職の任命を受け、同時に多くの賜与が行われたことを記す。銘文は497字にも達し、西周時代の最長の銘文として知られる。ただし、高さは53センチほどで、器としてはさほど大きい方ではない。現在、台湾の故宮博物院の収蔵になる。

あったのではないか。やはりこれは、ある意図のもとに特別に切り詰めた叙述をめざした特別な書物、というように見ておいてよいのではないか。それをめざした人物が孔子であったかどうかは、本当のところはもちろんわからない。かつてはそれは孔子であったとされ、そのことが『春秋』という書物に決定的な価値を与えてきたのだ。『春秋』の価値は、本それ自身の中味からではなく、周辺から付加されたもの、といういささか意地の悪い見方もできるかもしれない。

2 『春秋』に見える歴史意識

「崔杼、其ノ君ヲ弑ス」

前節に見たように、『春秋』はそれ自身極めて簡潔な年代記の形をとりながら、文字や語の用法に奥深い意味が含まれているとされる。それは、後世の注釈家が『春秋』に与えた一つの仮説（『春秋』の成立に孔子が関わっている）に基づくものである。しかし、何もそうした記述の仕方は孔子が発明したものではない、ということが、『春秋』及び『春秋左氏伝』によってわかる。次に、当時の人々が、「記録を残すこと」ひいては歴史意識ということについてどのように認識していたかを示してくれる話を二つ、見てみよう（以下、『春秋左氏伝』は小倉芳彦氏の翻訳に主に依拠した）。

まず、最初の話は、襄公《じょうこう》二十五年（前五四八年）に起こった、不倫にからむ主君殺害、という三面記事的なものである。その事件について『春秋』経文には「夏五月、斉の崔杼《さいちょ》、其の君光を弑《しい》す。」と言うのみである。その詳しい事情を、注釈書である『春秋左氏伝』は次のように述べる。

斉の棠公《とうこう》（棠の大夫）の妻（棠姜《とうきょう》）は、崔杼の家臣である東郭偃《とうかくえん》の姉であった。棠公が死に、東郭偃が崔杼の車を御して弔問に行くと、崔杼は棠姜を見て美人なのに惚れこみ、偃に命じて自分の妻に迎えようとした。しかし偃が、「夫婦は姓を別にすべきもの。〔同じ姜姓ですから〕婚姻は許されません」と言うので、崔杼が筮《ぜい》を立てたところ、史官はこぞって「吉」と判じた。しかし、これを陳文子に示したところ、文子は「妻に迎えてはいけません。」と言った。それでも崔杼は、「かまわぬ。」と言って、妻に迎えた。

かねがね棠姜と私通していた（崔杼の主君の）荘公は、足しげく崔杼の邸に通い、崔杼の冠を人に賜わったりした。侍者が「いけません」と止めても、公は「崔杼の冠だって、他の冠と変わりはない。」と言った。崔杼はこれを恨みに思い、公を殺そうと考えたが、まだ機会が得られなかった。

夏五月、斉に和議を申し入れるため莒《きょ》の君主が斉に朝見した。甲戌《こうじゅつ》の日、これを北郭《ほっかく》において饗応したが、崔杼は病気を口実に欠席した。翌乙亥《いつがい》の日、公は崔杼を見舞うと、ついで姜氏（棠姜）のあとを追った。姜氏は室に入り、夫の崔杼と一緒に脇の戸口から外に出た。〔それと知らぬ〕公は、室の柱を叩きながら、〔姜氏に向けて〕歌を唱った。そこへ侍人の賈挙《かきょ》が公の従者たちを門外に押し止めて入り、門を閉めた。武装した兵がどっと現われ、公は高楼に登って、和解を請うたが、崔杼は許さない。盟約を請うても、許さない。廟《びょう》で自害させてほしいと請うても、許さない、崔杼の家臣は誰もが、「君の臣杼は病重きゆえ、公命に従うことができませぬ。ここは公宮にも近きゆえ、陪臣は淫者を召捕るのが任務。その他の指示は存じませぬ」と言う。公が墻《しょう》（土塀）を踰《こ》えようとすると、それに矢を放つ者があり、股に命中して、墻の内側に堕ち、そこで公を殺した。

大史《たいし》が「崔杼、其ノ君ヲ弑ス」と記録したので、崔杼はこれを殺した。大史の弟は引き継いで同じことを記録し、死者が二人ふえたが、その弟が〔四番目に〕さらに同じく記録したので、〔崔杼は〕そのままにした。大史兄弟が全員殺されたと聞いた南史氏は、〔「崔杼、其ノ君ヲ弑ス」と記した〕簡策を手にして朝廷に出かけたが、すでに〔その通りに〕記録されたと聞いて引き返した。

襄公二十五年

話そのものは取り立てて珍しがるほどのこともない、なんだか今でも似たような状況はありそうな、下世話な話ではある。しかし、「記録」という点からは見逃すことはできない。

臣下による主君殺害という重大事件を敢然と記した大史は、主君殺害の下手人である崔杼によって殺されてしまった。弟がまたも敢然と記すと、彼も殺され、その弟がまた記すと、彼もまた殺害されてしまった。四番目の弟が記したとき、崔杼はさすがに諦めたのか、彼を殺すことはしなかった。なお、南史氏なる人物が、大史兄弟が全員殺されたと聞いて、自らそれを記すべく駆けつけたものの、四番目の弟が無事であると知って帰ったという話がくっついている。大史あるいは南史氏と呼ばれる彼らは、この話においては公式の記録を意地でも残そうとしており、そうした任務を負った係であるに相違ない。それが「史」なのであろう。歴史を書く者は自らの命を懸けて事実を記さねばならぬ、ということを物語る、古来より有名な話である。ただし、いかに事実を書かれたとはいえ、大史兄弟をほぼ殺し尽くすなど、崔杼もそこまでむきにならなくてもいいような気もする。一方、大史兄弟もたとえ事実を書くのでも、崔杼に知られぬよう、他人に見られぬようにもっとこっそり書いておけばいいのに、というようにも、あるいは思えよう。しかし、実は殺すわけ・殺されるわけがある。それを明らかにするために次の話を見てみよう。

「趙盾、其ノ君ヲ弑ス」

二つ目の話は、宣公二年（前六〇七年）、晋《しん》の国で起こった、これも臣下による主君殺害の事件である。『春秋』経文は、この事件について「秋九月、晋の趙盾《ちょうとん》、其の君夷皐《いこう》を弑す。」と簡単に記すだけである。これも『春秋左氏伝』によって、詳しい事情を見ておこう。

晋の霊公は国君らしからず、重税を課して墻に彫刻を施したり、高台の上からはじきを飛ばして人が逃げまどうのを眺めたり、というしまつ。あるとき、宰夫《さいふ》（料理官）が熊の掌《てのひら》を煮たが、柔らかく煮えていなかったというので、これを殺してもっこに詰め、婦人の頭に載せて廷内から運び出させた。趙盾と士季《しき》はもっこから手が出ているのを見て事情をたずね、心を痛めた。（そこで士季が霊公を諫《いさ》めたけれども、霊公は改めない。趙盾もまたしばしば諫めるので、公は彼を嫌い、暗殺者を雇ったが、果たさずに終わる。）

秋九月、晋侯は趙盾と酒宴を催し、兵士を伏せて、彼を攻め殺そうと計画した。これを察知した趙盾の車右《しゃゆう》の提弥明《ていびめい》は、堂上に駆け上って趙盾を抱えおろした。趙盾は伏兵と闘いながら脱出した。提弥明はここで戦死した。

九月の乙丑《いっちゅう》の日、趙穿《ちょうせん》が霊公を桃園で殺した。趙盾はまだ国境の山を越えておらず、それを聞いて引き返した。大史であった董狐《とうこ》は「趙盾、其ノ君ヲ弑ス」と記録して、朝廷に告示した。趙盾が、「事実とちがうぞ。」と言うと、董狐はこう答えた。

「あなたは晋の正卿です。亡げても国境を越えず、もどってからも賊（＝趙穿）を討とうとしない。〔責任者は〕あなた以外にありません。」

孔子の評。「董狐は古《いにしえ》の良き史官である。書法通りに記録して、事実を曲げて隠したりしなかった。趙盾は古の良き大夫である。書法に従って〔弑君の〕悪名を受けた。惜しかった、国境を越えてしまえば、〔悪名を〕免れたのに。」

宣公二年

愚かな主君を諫めようとした賢人宰相の趙盾は、主君から嫌われ命を狙われて逃亡する。ただし、彼が国境を越える前に別の人物によって主君は殺され、彼は引き返す。戻ってみると、記録係は「趙盾が主君を殺害した」と記録して、朝廷内に告示している。我が身一つで亡命していた趙盾に主君殺害が可能なはずはなく、当然彼は、「事実ではない」と抗議する。しかし、記録係である董狐の言うことには、この事件の責任を負うのは国の宰相たる趙盾よりほかにはない、そのことを明らかに示さねばならぬ、というのであった。

二つの物語の意味するもの

以上の二つの物語によって、当時の人々が記録を残すということについてどのように認識していってのの重大事件に関わるものであること、そして記録の主体が朝廷の記録官であることである。あとの宣公二年の話に明らかなように、事件に関することは陰でひっそりと書かれて隠されていたのではなく、朝廷内に公に掲示されたのである。主君殺害の下手人にとっては、記録係（＝史）は、自らの悪事を人前に暴き立てる、憎らしい存在であるに相違ない。それゆえに、先の襄公二十五年の話でも、崔杼は大史兄弟を殺したのだ。上の二つの話は、当時の記録係が、重大事件に際して、なにものをも恐れず自らの信念によって記録を残して職務を全うし、時には命の危険にさらされたこともあった、ということを示している。

しかし、見かけの上では、右の二つの話には決定的な違いがある。宣公二年の話の場合には、「崔杼、其ノ君ヲ弑ス」という大史の記録はまさに事実そのものを伝えている。斉の荘公を殺害した下手人はまさしく崔杼であった（実際に手を下したのは崔杼の部下であるが、命令は当然崔杼が下したものであるから、こう言ってよい）。しかし、襄公二十五年の話の場合には、大史の「趙盾、其ノ君ヲ弑ス」という記録は、決して事実そのものではない。主君霊公を殺害した当の下手人は趙穿であって、明らかに趙盾ではないし、趙盾が命令を下したわけでもないのである。しかも、「趙盾、其ノ君ヲ弑ス」と書いた大史は、実際の下手人を知らないのではない。知っていて、敢えてこのように書いたのである。従って、我々にしてみれば、極端にいえば、この場合には史官の董狐はむしろ歴史的事実を敢えて歪めているとすら言えよう。にもかかわらず、のちの孔子の評語に「大史(董狐)は古の良き史官である。書法通りに記録して、事実を曲げて隠したりしなかった。」とあるように、当時の人にとってはこれは「書法」通りであり、「事実を曲げて」いない、というのである。どういう観点に立てば、そのように言い得るのであろうか。そしてこの場合の「書法」とは、果たしてどのようなものであったのだろうか。あらためて、宣公二年の話を見てみよう。

何ゆえに、(我々から見れば)事実と違えて「趙盾、其ノ君ヲ弑ス」と記録したのかについて、大史はこの重大事件の責任者としては国の大臣たる趙盾以外にはあり得ないから、とする。孔子の評語も実は同じことを言っていて、もしも趙盾が国境を越えていたならば免責されるのに、としている。臣下による主君殺害というあってはならないことが起きてしまったこと、それももちろん重大ではある。しかし、この話では、この恐るべき、あってはならぬことに対する制裁がまだなされていないこと、要は最終的な決着がつけられていないことの方が重大視されている。つまり事は終わっていないのだ。失われた秩序は回復されていないのだ。そのことが、まず、きちんと示されねばならない。それゆえ、実際の下手人の名を挙げて「趙穿、其ノ君ヲ弑ス」と書いたならば、それは過去に起こった単なる事実を示したことにしかならない。しかし、「趙盾、其ノ君ヲ弑ス」と書いたならば、事件の本質的な責任の所在と、事件後の秩序回復がまだなされていないことを併せて示すことが期待されるというのである。これがその書法の言わんとするところである。

ここに示される歴史の書法は、事実をストレートに書く、ということを必ずしも前提にはしていない。そのことに何より注意すべきである。そして、事実それ自体をまず語り、それについて読者ともども考察する、というのでもない。ここで歴史が書かれる意味は、書き留める人間から見て、「かくあるべし」という人間の姿、「かくあるべし」という社会や秩序の在り方、を明らかにすることにある。宣公二年の例は、こうした歴史意識を強く示すものに他ならない。先に見た隠公元年の「夏五月、鄭伯、段に鄢に克つ。」という記事の精神も、ここに通じるものがある。客観的情報をそのまま残そう、という精神はそこにはない。客観的情報・客観的事実は、それだけでは存在意義はない。本来あるべき秩序の姿が示されて、それらの存在意義も生じてくる、というのがその精神である。襄公二十五年の例の場合には、「崔杼、其ノ君ヲ弑ス」と事実をそのまま書くことによってこうした意図が達成されるから、そこにおいては事実が事実のままに記されたのに過ぎず、その底に流れる意識は同じと見てよいであろう。

このように、この時代にあっては、事実をありのままに書く、ということは、必ずしも歴史記録の必須条件ではなかったし、また目的でもなかった、ということが、『春秋』経文及び『春秋左氏伝』からわかるのである。上に見た『春秋左氏伝』襄公二十五年の話は斉の国に関する、宣公二年の話は晋に関する話であって、そもそもが魯の国とは関係がない、と思われよう。しかし、当時は赴告という習慣があって、諸侯同士、国内で起こった重大事件を他の国々へ互いに知らせることになっていた。主君殺害という、上の二つの重大事件の知らせは当然魯の国にももたらされ、『春秋』経の中に、襄公二十五年には「夏五月乙亥、斉ノ崔杼、其ノ君光ヲ弑ス。」、宣公二年には「秋九月乙丑、晋ノ趙盾、其ノ君夷皐ヲ弑ス。」とあり、『左氏伝』の話の中では大史の記録として引用される文の中に欠けていた君主の名前をそこに入れつつ、確かに載せられている。「記録すること」に関する、上に見たような意識は、斉や晋といった国の記録のみに限って存在したのではなく、まさに『春秋』それ自身の中にも存在しているのである。

本節で取り上げた二つの話は、前者（襄公二十五年）が前五四八年、後者（宣公二年）が前六〇七年に起こっている。孔子が生まれたのは前五五一年と考えられるから、後者については孔子が生まれる前、前者は孔子が幼児の時であり、いずれの記述に関しても孔子の影響力があろうはずがない。それから言えば、以上に見た意識は、孔子が関係した（とされる）『春秋』のものと言うよりも、春秋時代のものとして理解するのがより妥当であると思われる。しかし、以上の話は、全て『春秋』という書物を媒介にし、『春秋』の神聖性を認めたうえで、その注釈書の記すところによって明らかになるものであるから、真に春秋時代においてそうであったかは、いささか疑わしいとも言える。よって、歴史あるいは記録に対するこうした意識は、（春秋時代のと言うより）『春秋』によって代表させられる意識である、としておくのがやはり無難であるとすべきであろう。

こうして、記録を残すこと、歴史を記していくことの意味が、孔子の権威のもと、『春秋』に見られるような一つの書法として確立したのである。敢えて言えば、「事実よりも評価」を前面に押し出す、そうしたものとして中国の歴史書は始まったのだ。

以上、『春秋左氏伝』の中に見られる話から、中国古代の人々の歴史意識を探ってみた。現代に生きる我々の持つ歴史に対する意識とは相当に大きな違いがあることが理解されたことと思う。それが、その後、どのような形で後世に継承されていったのか、有名な司馬遷の『史記』について見ることで、検討してみよう。

第2章 『史記』の成立

1 『史記』と司馬遷

『史記』の著者

西洋における歴史の父がヘロドトスであるなら、中国の歴史の父は司馬遷である。彼の名は、その名著『史記』によって不滅である。もしもこの本がなければ、中国古代史の詳細はほとんどわからないままであったといってよかろう。また、『史記』は文学としても優れ、描写の生き生きしていることは、後世のどんな歴史書ももちろん、あるいは小説ですらかなわないほどである。他人の歴史を描くことによって、司馬遷自身もまた歴史に名を残すこととなったのである。『史記』(これは後世の人の呼び名で、司馬遷の言い方では『太史公書』)は全一三〇巻、前漢の中頃、紀元前の九〇年前後に完成したものと推される。世界的に見ても当時最大の書物であり、しかもそれは紙のない時代のことである。まさに空前の大著であるこの『史記』を、彼はどうして書こうと思い立ったのであろうか。そして、歴史をどのようなスタイルによって記述しようと考えたのであろうか。司馬遷個人の数奇な運命もそれはそれで興味深いものではあるけれども、本書の目的からははずれてしまうので、それについては多くの研究にゆだねよう。ここでは、完成して我々も見ることができる『史記』という書物自身のことを専ら取り上げたい。

なお、近年『史記』研究においては、司馬遷が用いた原資料の追究がたいへん盛んである。それらの成果によっても明らかなように、『史記』の文は全てが司馬遷のオリジナルというわけではない。それに、『史記』には、司馬遷の父である司馬談《だん》の執筆になる部分もかなり混じっている。論者によっては、『史記』一三〇巻のうち、一〇巻ほどが司馬談の手になるとするほどで、それが正しいとすると全体のヴォリュームからも決して無視できる数ではない。数についてはひとまずおくとしても、『史記』の中でも有名な、荊軻《けいか》が秦王政《せい》（つまり後の始皇帝）を暗殺しようとした、すこぶるドラマティックな話を含む刺客列伝が、実は司馬談の手になると考えられることは、だいたい一致した

司馬遷像（歴代古人像賛）

見解である。荊軻の他にも、刺客列伝には有名な人物が見える。ただ一人自分を国士として遇してくれた知伯《ちはく》の仇を討つべく、身に漆《うるし》し炭を呑《の》んで姿を変え、目指す敵の趙襄子《ちょうじょうし》を狙った予譲《よじょう》の話（「士は己を知るもののために死す」とは彼の名言である）、やはり自分を見込んで大事を打ち明けてきた厳仲子《げんちゅうし》の意気に応えるべく、韓の相である俠累《きょうるい》を討ち、その場で壮烈な自害をして果てた聶政《じょうせい》の話も、この刺客列伝の中に見えているものである。その文は、物語の登場人物たちの心理を巧みに描いているのみならず、読者である我々の心にも響き、深い余韻を残す、みごとな筆致と言ってよい。ただしこれは司馬遷の文才によるものではなく、実は司馬談のそれによるものである。こういうところから見ると、例えば息子の司馬遷が『史記』全体のプランを考えて、父の司馬談が一部を分担執筆した、といったことはやはり考えにくいから、全体の構成やコンセプトにも当然司馬談の案が入っていることは容易に想像できよう。

　したがって、『史記』全体を、司馬遷という一個人による完全に独創的な作品と見なし、そういう前提で話を進めるのは適切ではない。ここでは、司馬遷は『史記』の著者兼最終的編集者であるというくらいの位置付けを念頭に置くことにしておきたい。もちろん、それは、司馬遷の労力・独創性や、『史記』という書物の持つ価値を貶《おとし》めようという意図によるものでは全くない。ある程度の留保が必要だということである。

『史記』執筆の動機

そうしたことを踏まえたうえで、ではまず、司馬遷が『史記』を書こうとした動機について考えてみよう。それについては有名ないわくがある。直接的には、彼の父、司馬談の遺言であるということになっているのであり、司馬遷が自らそう言うのであるから、それに間違いはなかろう。まず、その部分を見てみよう（以下、岩波文庫の訳に主による）。

（前一一〇年）天子（前漢の武帝）ははじめて漢朝最初の封禅《ほうぜん》の儀式を挙行したのであるが、太史公《たいしこう》（司馬談）は周南（洛陽付近）にとどまったままであって、その儀式に参加することができなかった。そのため強い不平がこうじて死にかけていた。そこへ子の遷が使命を終え帰って来て、黄河と洛水のあいだの所で父を見舞った。太史公は遷の手をとって涙にくれつつ言った。

「わが先祖は周室の太史である。……今の天子は千歳の伝統をうけて、泰山《たいざん》において封禅をおこなわれるというのに、わしは随行できなかった。運命というものだ。運命というものだなあ。わしが死んだら、おまえは必ず太史になれ。太史になって、わしの論じ書きしるしたいと思っていたことを忘れるな。……今や漢朝がおこって、四海の内は統一せられた。明主賢君および忠臣と節義に死んだ士の事跡を、わしは太史でありながら記録にとどめることができず、天下の史文をすててしまうことを、わしはいたく恐れとする。おまえは心にとめておけ」。遷は頭をたれ涙を流してこたえた、「小子まことに不敏ですが、わが先祖より書き伝えられた事のあとを、決してうしなわれぬようにいたします」。

『史記』太史公自序《たいしこうじじょ》

武帝が行った封禅という儀式の詳細は実はわからない。『史記』に封禅書があって、そこに何か具体的なことが書いてあるかと思いきや、残念ながらというか、あるいは不審なことにさっぱり封禅の中身はわからない。封禅書には、かつて封禅を行った何人もの君主のことが書かれているけれども、あまりに古いことは伝説としか言いようがなく、結局、司馬遷にとって最も近い時代の実際に行われた封禅の例は、百年も前の始皇帝によるものである。ところが、封禅書は、始皇帝が行った封禅についてもその内容は「みな秘密にされ、書き記すことはできなかった」と冷たく言うのみである。封禅は、後世の者の説明によれば、どうやら天と地の神を祀ったものであるらしいが、秘儀中の秘儀としてその詳細は明らかにはされなかったものであった。しかし、一方ではそれが選ばれた者・限られた者にしか許されない、よほど特別なイヴェントであるということは明らかであった。前回の封禅は百年程前の始皇帝の時であり、漢に入ってからは行われておらず、創業の英雄、高祖劉邦《りゅうほう》ですら封禅は行っていない（とはいえ、劉邦はもともと儀礼嫌いではあったけれど）。漢の天下となって六十年以上が経過し、太平を謳歌する中、封禅の挙行を望む声が群臣の間から起こり、武帝もその気になったらしい。武帝による封禅は、長いブランクの後の、それはまさに象徴的な大イヴェントであった。ところが、この世紀の大イヴェントに際し、太史公である司馬談（司馬遷の父）は、理由はよく知られないにせよ、それに随行することができなかった。そのことへの不平・不満、鬱屈が高まって結局司馬談は死んでしまう。その臨終の床で、司馬談は、息子司馬遷に史書編纂を言い残し、司馬遷はそれを果たすことを誓う。この記事による限り、司馬遷の『史記』編纂の動機は、父の遺言だからということになり、司馬遷個人の動機によるものではない、ということになる。

ところが、同じく太史公自序の先に引用した部分の後で、司馬遷は自分自身の内面の動機をも一方では吐露している。それについて見ておこう。

太史公（司馬遷）は言った、

「亡父がよく言ったことに、周公がなくなってから五百年たって孔子が出た。孔子がなくなってのち今まで五百年になる。よくこれをうけつぎ明らかにして、『易《えき》』の伝を正し、『春秋』

をついで、『詩』『書』『礼』『楽』の範囲に本づけることは、おもうに、今こその時であろう、とあった。私はこの仕事を人に譲ろうとは思わない」。〔私の言葉を聞いて〕上大夫の壺遂《こすい》が言った、「むかし孔子は何をしようとして『春秋』を作られたのだったかね」。

太史公はこたえた、「私は董《とう》先生（＝董仲舒《ちゅうじょ》）から承わっている、『周の道が衰えたころ、孔子は魯《ろ》の司寇《しこう》（刑罰をつかさどる官）であった。諸侯はかれをにくみ、大夫は彼を妨げた。孔子は彼の言葉が用いられず、正しい道がおこなわれないと知り、〔魯の隠公より哀公まで〕二百四十二年間の事実の正しいか否かをさだめ、天下の規範とした。天子をもおとしめ、諸侯をもしりぞけ、大夫を糾弾し、それでもって王者のなすべき事を知らしめようとしたのであって他意はない』。孔子は言われた、『わしは空しき言にしるそうとしたが、実行された事においてあらわしたほうが深く適切いっそう目にたつのに及ばない』と。そもそも『春秋』は、上は三王（禹《う》・湯《とう》・文王）の道を明らかにし、下は人事の紀をしめし、疑わしきを別ち、是と非を明らかにし、猶予あるを決定し、善を善とし悪を悪とし、賢なるを賢とし不肖なるをおとしめ、亡びんする国を存続せしめ、絶えたる世を継ぎ、敝《やぶ》れたるを補い、廃《すた》れたるを起す。王道の大いなる者である。（中略）乱れたる世をおさめ、正しきにかえすのは、『春秋』より手近なのはない。『春秋』の文は万をもって教え、その指し示す事項は千をもって数える。あらゆる集合と分散（会盟戦争など）が、すべて『春秋』に書かれてある。（以下略）」と。

壺遂「孔子の時には、上には明君なく、下では賢者が任用されなかった。ゆえに『春秋』を作り、空しき文（理論的判断）をのちに残して礼と義のけじめを立て、それを一王の法とした。いま先生は明天子（武帝をさす）の知遇をうけられ、下にあるものみな職を守ることができ、万事ことごとくそなわり、すべておのおのあるべき秩序にちゃんとある。先生の論は、いったいそれで、何を明らかにしようというのでしょうか」。太史公「なるほど、もっともだ。いや、実はそうじゃない。わたしは亡父から聞いた、『（中略）『春秋』は善行をとりあげ悪行をおとしめ、三代（夏《か》・殷《いん》・周）の徳を推しひろめつつ、ことに周室をあがめた。ただ君主を非難しただけではないのだ』と。（中略）私が［太史という］その官を掌《つかさど》ったことがありながら、聖明の盛んなる徳を記録に残さず、功臣・世家《せいか》（何代も続いた家柄）・賢大夫の業績を述べず、亡父の遺言にそむくならば、これほど大きな罪はないのだ。わたしがいうのは、故事を『述べ』世々の伝えを整えることであって、いわゆる『作る』ことではない。あなたがそれを『春秋』に比べられるのは、まちがいだ」。

『史記』太史公自序

司馬遷の言うことは実は矛盾している。最初の方は、自分の意図は『春秋』を継ぐことだ、と高らかに宣言しているように見え、後の方では、『春秋』に比べてもらっては困る、と言っている。これは揚げ足を取ってはいけないので、司馬遷にとって『春秋』を継ぐというのは、正しき秩序を示すというその高い志を継ぎたいということである。孔子が言わば追い込まれたような状況で『春秋』を著した（とされる）ことと、表面上のことだけでなぞらえては不本意であろう。してみると現在を乱れた世と感じて『春秋』を継ごうとするのかという壺遂の言い方は、因縁をつけているような印象もないではない。しかし、これも決してそういう下種なものではない。本を著すという行為には、それ相応の動機と目的が厳然として存在せねばならない、という当時の人々の態度が反映している。次に見るように、特に『春秋』には、孔子の現実への不満・鬱屈した気持ちが込められているという『孟子』の説があって、壺遂も司馬遷もそれを当然知っていたはずである。その点からすると、司馬遷が、自らの著作について述べるのに『春秋』を引き合いに出してしまったのは、不用意の感がないでもない。

漢人の『春秋』理解

右の司馬遷の発言からは、先に触れた『春秋』という本について、漢の時代の人がどのように考えていたかということがよくわかる。重要な点は主に二つある。すなわち、孔子が『春秋』を作ったとされていたこと、『春秋』は道徳について語る本であるということ、の二点である。そのうち、孔子が『春秋』を作ったとされていたことについては、さきに触れた。ここではもう一点について述べておこう。すなわち、『春秋』は道徳について語る本である、ということである。司馬遷の言葉によると、「乱れたる世をおさめ、正しきにかえすのは、『春秋』より手近なのはない」のだという。いわば、人々が従うべき道、それが『春秋』の中にあるというのだ。もちろん、先に見たように「こうしなさい」「こうすべきである」「こうするのがよろしい」という形では『春秋』は書いていない。むしろ「これはいけない」というように、事実の解釈としての形で、それは示してある。だから当然司馬遷も、孔子との関係を前提としての『春秋』講読・解釈の歴史的路線に乗っかった上でこうした発言をしている。よって、この二点は関連を有するものなのである。

ところで、春秋時代には道に外れた行いが多かったが故に、『春秋』の中には君臣をひっくるめて非難する言辞が多い。先に『孟子』の文を引いておいたように、良くないことを良くないとする、その姿勢こそが『春秋』著作の動機ですらあるのであり、その意味では『春秋』の特徴は〝批判〟というところにある。ところが、時は前漢、武帝のおわすこの良い時代、いかなる世の乱れがあり何を非難するとて『春秋』の続編に当たる本を書こうとするのか、と壺遂は司馬遷に突っ込んだわけである。

この当時、今の我々にとっての〝歴史〟という概念・ジャンルは実はまだ成立していない。例えば、本の分類で言えば、歴史書に当たるジャンルは「春秋類」という項目に分類されることになる。歴史書を書けば、それは『春秋』の続編を書く、ということになる。そして、そのことの意味は、『春秋』それ自体がそうであったように、現実批判以外の何物でもなかった。

司馬遷にとっての武帝期

武帝の君臨するこの御代に対して、司馬遷はどのように考えていたのであろうか。満足していたのであろうか。そうとは限らない。司馬遷には不満があったであろう。尊いはずの皇室劉氏一族の暴虐も直接目にし、彼を憤らせたであろう。例えば景帝の息子たちとその子孫について記した五宗世家を見るがいい。淫乱・放恣ぶりは目を覆わんばかりである。景帝の息子とその子孫ということは、要は武帝にとっては兄弟と甥たちである。司馬遷のまさに同時代の人々であったのであり、当然、司馬遷はよく知っていたはずである（さすがに司馬遷もすべては書けなかったのであろう。前漢滅亡後に成った『漢書』景十三王伝にはさらにいっそう醜怪な話が載っている）。宮廷の中での醜悪な人間関係をも多く見たであろう。そのとばっちりは、彼自身の身に最も残酷な形で降りかかって来た。

前九九年、匈奴《きょうど》討伐に向かい、戦いに敗れた李陵《りりょう》が敵に降伏して抑留され、ただ一人彼を弁護した司馬遷はそのせいで武帝の怒りを買い、死刑を言い渡されてしまった。当時、死刑を免れるには、金銭で贖《あがな》うか、あるいは宮刑に処せられる（去勢されて宦官《かんがん》になる）か、の二つの方法がある。前者をとろうにも、贖う金銭は極めて高額である。司馬遷個人ではその金を用意するなど到底できない。他人に借りて用立てようとしても、皇帝の怒りに触れた彼になど誰も金を貸そうとはしない。一方、宮刑に処せられる方はどうか。宦官は、単に尊敬されないとかいうようなものではない。男にして男でない、人間にして人間でない、到底耐え難い恥辱に満ちた存在である。死を免れる手立てとしては、一方はかなわず、一方は余りにも代償が大きいと言わねばならない。あきらめて死罪を受けるほかないのか。しかし、死ぬのはたやすいけれども、それでは父への誓いが果たせない。死ぬよりもなおつらい、屈辱の宮刑を選ぶほか、彼には選択肢はなかった。武《たけ》田泰淳《だたいじゅん》の言うとおり、司馬遷は生き恥さらした男になってしまったのである。しかし、司馬遷の抱いた苦悩は何もおのれ一人のみのことに

漢武帝像（三才図会）

とどまらぬ。李陵の件もそうであるが、それ以前から、武帝の個人的な欲望のゆえに、どれだけ多くの人が兵として辺境の地へ行かされ、そこでの匈奴との戦いで命を失ったことか。専制君主の気まぐれと、それを助長しさらにそれに寄生する人々の下劣さに、司馬遷はほとほと嫌気がさしていたはずだった。とはいえ、それは決して表に出してはならぬことである。しかし、壺遂はそこを読み取った。司馬遷の狼狽、推して知るべし、である。しかし、これも司馬遷に対していささか意地の悪い見方かもしれない。この著作への彼の決然たる意志は、そんな秘めて隠したものではなかろう。まさに恥をしのんで生きながらえてまでの執念を一心に注いだ、彼の存在理由を永劫に主張する、そんな意味のある著作であったはずである。

司馬遷の真の意図

司馬遷が『史記』で意図したところは、単なる事実の集積ではなかった。『春秋』と違って、『史記』では事実は詳細に記され、表なども使って理解を容易にするよう、実によく配慮がなされている。そこに盛り込まれた事実の量としては、まことに巨大というべきである。しかしその集積の大きさが自慢ではない。『春秋』が示したように、この時代、歴史叙述に必要なのは、「人は、社会は、どうあるべきであるのか」という道徳である。その精神は、司馬遷が『史記』の執筆をした時点において、まだ充分に生きていた。司馬遷は「天道是か非か」という有名な問いかけをしている。天は常に善人に与《くみ》するというが、善人が非業の死を遂げたり世に入れられなかった例がいかに多かったことか、その一方、極悪非道の人間が天寿を全うした例があるのはどうしたわけか。彼の発した問いは、彼自身の運命と併せ考えれば、確かにとてもよく理解されよう。しかし、司馬遷は何も、善行の報いに幸福が、悪行の報いに不幸が、といった因果応報を単純に信じてはいない。また一方、彼の抱いた疑問は、身動きとれない宿命論に陥るものでもない。正義が通らず不正義が跋《ばっ》扈《こ》した例、志が遂げられず非業の最期を遂げた例、そのような数多くの悲劇を載せながらもなお司馬遷の『史記』が輝かしいのは、抗《あらが》いがたい運命の中でも、人には従うべき道、つとめるべき道がある、という彼の確信を、過去の実例を叙述することによって充分に示し得たからにほかならない。『春秋』を継ぐという意図は、そうした形で確かに実を結んだと言っていいであろう。そして、彼の意図が今述べたようなことにあるならば、その必然的結果として、歴史は人物中心の形式を以て書かれねばならない。そうでなければ、一人一人の内面と現実的行動とがそろって明らかにはならない。したがって、動機としては『春秋』を継ごうとしたものであろうとも、形式としては『春秋』に従うことなく、紀伝体という独自のスタイルをとることとなったのである。

さて、以上に紹介したように、司馬遷の『史記』編纂の動機については、外在的には父の遺言、内面からは現実への批判、という二つが存在したと考えてよい。この二つは両立し得るものであって、どちらか一方を選択せねばならぬというものではない。殊に、始めた契機は前者であり、扱う内容の選択や評価の基準は後者、というように分ければ理解しやすいであろう（なお、司馬遷の青年期の大旅行を、後年の『史記』執筆と結び付ける説もあるけれども、万事を『史記』へと結びつけていくようで、どこか整合性を求め過ぎるように思われる）。

2　紀伝体という形式

紀伝体というカタチ

司馬遷の『史記』は、中国における歴史書のスタイルを決定した。彼は紀伝体という新しい形式を発明した。紀伝体とは、王・皇帝のことを記した本紀《ほんぎ》と、臣下のことを記した列伝とを必須とする形式である。『史記』には、さらに、諸侯のことを記した世家《せいか》、制度のことを記した書（のちには志）、年ごとの事件などを記した表（これは世界的に見て画期的な発明である）、などが設けられていて、極めて周到な用意がなされている。先の『春秋』は、君主の年ごとに出来事を記していくスタイルであり、これは編年体という。司馬遷は、『春秋』の精神こそ引き継ごうとしたものの、形式においては独自なものを作り上げた。のち、司馬遷の『史記』に強い不満を持ち、自ら漢王朝の歴史書である『漢書』を著した班固も、その形式には『史記』を踏襲して紀伝体を用いている。なお、班固の『漢書』の独自性は、『史記』が長い時間（二千年以上？）を対象としたのに対し、『漢書』は漢という一王朝のみを扱ったことである。こうしたやり方を断代史と言う（一方、『史記』のような例を通史と言う）。以後、中国の歴史書のスタイルは、紀伝体を使った断代史、ということになり、『史記』から『明史』まで、二四種の歴史書が「正史」と呼ばれて最も権威ある歴史書とされている（正史については第3章参照）。

司馬遷の『史記』の全体の構成は、本紀十二巻、表十巻、書八巻、世家三十巻、列伝七十巻、から成る。紀伝体という由来は本紀と列伝とを必須の要素とするからである。ただし、司馬遷自身が「紀伝体」という名称を自分で用いているのではなく、これは後世の人の用語である。

さて、司馬遷がこのような構成を案出したのは、どのような理由に基づいてのことであろうか。『史記』太史公自序の中の彼自身の言葉によって見てみよう。

私は、天下の散らばり、すてられてあった旧《ふる》き伝聞をもれなくあつめ、王者の迹《あと》の興ったところについては、初めをたずね終わりをみきわめ、盛んなときを見たし、衰えたるも観察した。その実行されたことを考え合わせるにあたり、三代の世のあらましをたずね、秦《しん》と漢までを記録し、上は軒轅《けんえん》氏（黄帝）よりしるして、下は今の代までを、十二の本紀に書き表した。

その大綱をはっきりさせたのちに、並列した国々の、年代は知り難いから、十の年表を作る。礼と楽の時代による増減、音律と暦の改訂、軍事的権力、山川やさまざまの鬼神および天と人の感応のことわり、また［経済政策の］誤りの継承とその改革の通観などについて、八つの書を作る。二十八宿の星座が北極星をとりまき、車輪の三十の輻《や》が一つの軸にあつまって、運行きわまりない。主君を輔弼《ほひつ》する股肱《ここう》の臣は、それらにたとえることができる。臣たるものは忠と信義によって道をおこない、主上につかえるのである。よって三十の世家を作る。正義を保持し、ひとに屈せず、おのれは時機を失わずして、功名を天下にたてた人々については、七十の列伝を作る。すべて百三十篇、五十二万六千五百字、「太史公の書」と呼ぶ。

これによれば、本紀・表・書・世家・列伝は、いずれもその書こうとする内容とそれにふさわしい形式とを選んで著されていること、即ち形式と内容とが相即していることがわかる。ただ、右の言い方によると、表と書は理解の便利のために設けられたものと考えられるから、必要不可欠というほどではない。また、世家は、この『史記』の場合、主に春秋戦国の諸国、その大本は周室によって封建されたと言われる諸侯たちであるから、漢以前の時代に特有なものが多いわけであり、それ以外のものについては列伝中に吸収してしまって差し支えなく、その意味で世家もまた必要不可欠というほどのものではない。そうしてみると、必要不可欠として残るのは、本紀と列伝ということになる。

本紀と列伝

このうち本紀という名称・形式については、司馬遷のオリジナルというわけではない。例えば、その中身は知られないが、夏《か》王朝の祖とされ伝説の帝王である禹《う》なる人物についての『禹本紀』なる書物が当時あり、司馬遷も確かに見ている（『史記』大宛《だいえん》列伝の末尾に書名だけ挙げられている）。本紀はそうした例の応用であろう。列伝の方は、司馬遷の発明になるものであるらしい。列伝は基本的には人物伝記であり、ただ一個人についての場合と、似た者・関連する者数名をまとめた場合との両方がある。一人につき一巻と決めてかからず、複数の人間をまとめた場合もあるというのも、なかなか独創的なアイデアであろう。即ち、創設と用法との両面において、その初めから充分に優れていたということが言える。

本紀も独特である。すなわち、その最初は五人の帝王をまとめた五帝本紀であり、それに続いては夏本紀・殷《いん》本紀・周本紀といういわゆる三代について王朝を単位とした本紀が設けられている。その後には秦《しん》本紀があり、それに続いて秦始皇本紀がある。本来、一諸侯国に過ぎない秦にわざわざ本紀が設けられたのは、当然始皇帝による史上初の中国統一を導いたその過程としての意味合いが大きいであろうし、司馬遷にとってメインは秦始皇本紀の方であろう。ここまでの本紀は複数の人物や王朝を単位としたものであって、この秦始皇本紀が『史記』の中で一個人を取り上げて本紀とした最初のものとなる。その後は、項羽本紀・高祖本紀・呂太后《りょたいごう》本紀と続く。このうち、項羽を本紀に立てたことについては後世の史家の批判を浴びることとなる（後述）。また、高祖を継いだ恵帝について本紀を立てず、その母である呂后（高祖劉邦《りゅうほう》の后）について本紀を立てたことについても必ずしも妥当ではないと言われることもある（前漢一代を描いた『漢書』では、呂太后の本紀を残しつつ恵帝の本紀も立てられている）。以下、孝文本紀、孝景本紀、孝武本紀、と順に文帝・景帝・武帝についての本紀が続き、本紀十二巻が終わる。なお、孝武本紀は司馬遷の生きたまさに同時代の歴史であるわけで、残っていれば実は大変貴重な資料であるのだが、どうしたわけか、かなり早い時代から失われてしまっていて見ることができない（現在『史記』に孝武本紀としてあるもの

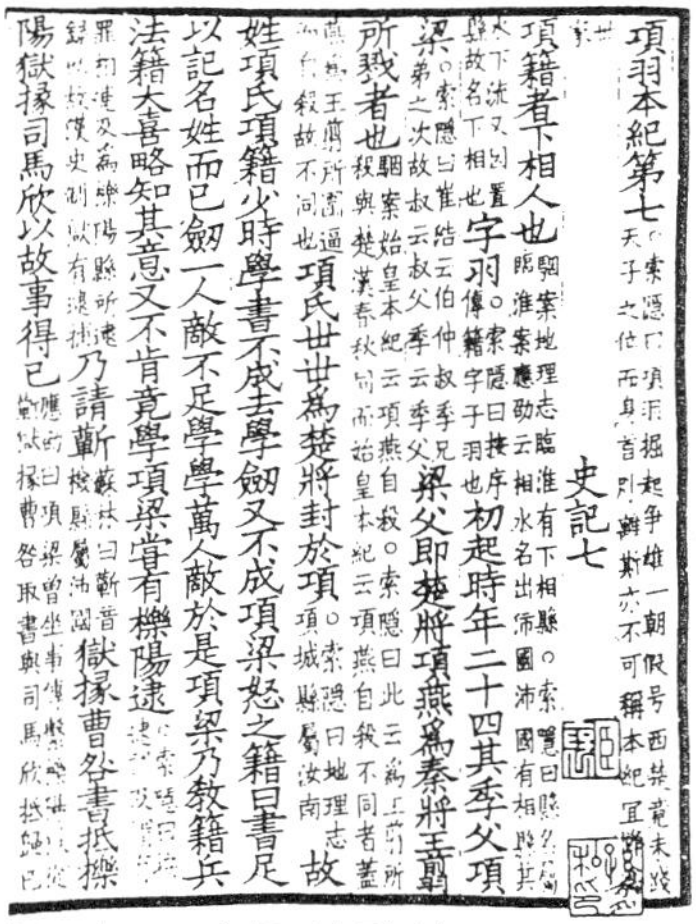
項羽本紀第七
史記七
項籍者下相人也……字羽……初起時年二十四其季父項梁……梁父即楚將項燕爲秦將王翦所戮者也……項氏世世爲楚將封於項……故姓項氏項籍少時學書不成去學劍又不成項梁怒之籍曰書足以記名姓而已劍一人敵不足學學萬人敵於是項梁乃教籍兵法籍大喜略知其意又不肯竟學項梁嘗有櫟陽逮……乃請蘄獄掾曹咎書抵櫟陽獄掾司馬欣以故事得已……

『史記』項羽本紀（宋刊本）

は、『史記』封禅書の文から武帝の関係の部分を抜いて補ったもので、要は重複しているのである)。『史記』孝武本紀の草稿を見た武帝がその内容に怒って削除を命じた、などと後世いろいろなことが言われるけれども、それらは孝武本紀が初めからないことを前提としてそれを説明しようと勝手な推測をしたものに過ぎない(後述)。『史記』には他にも欠けている部分があり、何しろ古い時代のことでもあり、伝わる過程でのなんらかのトラブルと見ておいてよいであろう。何か複雑な背後関係を予想するのは余りよいこととは思えないし、何より、現在我々の読む『史記』の価値はそうしたこととは無縁であるのだから。

本紀は、王あるいは皇帝として天下を治めた人物についての伝記である。彼らは単に武力でもってその地位を維持し人々を抑圧したのではなく、人間の知恵を越えた、いわゆる天命を受けた存在であり、それ故、彼らこそ世界の中心的存在であって、彼らをもってある時代を区切り代表させられるものと考えられたのであった。在位期間の長短に関係なく、一人一巻を原則として本紀が構成されるのも、そうした理由によるものにほかならない。ただし、そのことは何も帝王たちの言動が常に完璧で模範的であることを意味するものではない。むしろ、本紀に書かれた内容を見るならば、権力の行き着いた先の恐ろしさや愚かしさこそ、読むものにひしひしと迫ってくる観がある。その意味では、本紀は実に皮肉である。理念的あるいは形式的扱いにおいては、帝王たちをこの上ない至尊の存在としながら、しかし記された内容としては、むしろ帝王たちの人格的欠損や愚昧さを暴き立てるような場合が少なくないからである。理想と現実の差は常にあるものながら、その差が甚だしいほど滑稽にしてかつ悲惨である。

列伝に記されるのは、要は帝王の家来たちが中心である。そこでは、それぞれの人物がいかなる形で帝王たちに仕えたか、が問題とされるのであり、末端まで入れれば極めて多数に上る家来たちの全員を対象とすることはできないから、善きにつけ悪しきにつけ、特徴のあった人物が取り上げられる。また、広い意味にとると、世界の頂点である帝王の下、被支配者全員が言わば帝王の家来なのであって、それ故、実際上は列伝は当時存在していたすべての人を対象とすることにもなる。『史記』の游俠《ゆうきょう》列伝や貨殖《かしょく》列伝で民間人たちが主役とされているのも、大宛列伝のように本来外国であるものについて列伝があるのも、みなそうした文脈上において理解されよう。『史記』に書かれた内容は、まさにその時代に生きた人にとっての世界そのものであった。もちろん、これでもまだまだ書き尽くせないことが山ほどあったであろう。

『史記』についての意外なウワサ

ここで、名著『史記』にまつわる噂話を紹介しておこう。意外な評価と言えば意外でもあり、しかしここまで述べて来た文脈からはあるいはあり得るとも言えるような、そういう噂話である。それは、『史記』という本は、司馬遷が武帝や漢王朝を恨み謗《そし》るために作った本である、というものである。仮にこれを『史記』謗書説《ぼうしょせつ》と呼んでおこう。

この『史記』謗書説は、かなり早い時代から見える。『三国志』魏《ぎ》書、王粛《おうしゅく》伝に次のような記事がある。

魏の明帝が王粛に尋ねた。「司馬遷は、自分が刑罰を受けたことで心に恨みを抱き、そのため『史記』を書いて武帝を非難した。おかげで武帝はくやしい思いをした。」と。王粛はそれに答えた。「司馬遷は、物事を書くに当たって、偽《いつわ》ってほめもしませんでしたし、悪事は隠そうとしませんでした。後の世の劉向《りゅうきょう》や揚雄《ようゆう》といった人々も司馬遷には良史の才があると言い、『史記』を真実の記録とほめております。漢の武帝は、司馬遷が『史記』を書いていると聞き、孝景本紀と自分の本紀とを取り寄せて読んでみたところ、大いに怒り、その部分を削って捨てさせました。それ故、現在、『史記』には景帝と武帝の本紀は目次にだけあって中身がないのであります。のち、李陵《りりょう》の件で武帝は司馬遷を宮刑に処しました。つまり、恨みを抱いていたのは武帝の方であって、司馬遷ではありません。」

魏の明帝は在位二二六〜二三九年、この話は三世紀前半のことである。皇帝の耳にも『史記』という書物の成立にまつわる、何か不透明な事情が伝わっていたようである。話としてはさらに約五十年ほど溯り、後漢時代のこととして、『後漢書』蔡邕《さいよう》伝にも注目すべき記事がある。蔡邕は文人として令名があり、『三国志通俗演義』で悪名高い、例の姦雄董卓《とうたく》に厚く遇されていた。その董卓が殺され、董卓の下で幅を利かせていた蔡邕も罪せられることとなった。彼は『後漢紀』の編纂に関わっていたが未完成であった。蔡邕は助命を請い、執筆の継続を願う。それに対し、司徒の王允《おういん》が次のように言う。

昔、武帝は司馬遷を殺すことをせず、そのため悪口を書いた本（＝『史記』）を書かせることとなり、果てはそれが後世に伝わることとなった。国が衰えて勢いの定まらぬ今、佞臣《ねいしん》に筆を執らせて幼主のそばにいさせることなどできぬ！

王允によれば、『史記』は漢（武帝）の悪口を書いた書であり、当然その著者司馬遷は不忠の臣である。『後漢書』の史料としての成立は、先に引いた『三国志』よりもおよそ一五〇年ほども後になるけれども、この記述を信用するならば、二世紀後半にはもう既にこうした話ができあがっていた、さらには定着しそうになっていたことがわかる。

ここに見る『史記』謗書説は、完全に誤解である。『史記』太史公自序をきちんと読んでいれば生じない誤解である。但し、誤解を招くタネがその太史公自序の中にないでもない。すなわち、例の李陵の禍に遭ったのち、司馬遷は考える。

周の文王は羑里《ゆうり》に捕らえられてのち『周易』を述べ、孔子は難に遭って『春秋』を作り、屈原《くつげん》は放逐されて『離騒《りそう》』を著し、左丘《さきゅう》は失明して『国語』を書き、孫子は足を切られて兵法書（『孫子』）を書き、呂不韋《りょふい》は蜀へ流されたが『呂氏春秋』が世に伝わり、韓非《かんぴ》も秦に捕らえられて『韓非子』ができた。これらの例は、みな、その気持ちの鬱結して成ったものである。自分もまた過去のことについて述べ、来るべき未来について思いを馳せたい。

この部分のみストレートに読めば、確かに現実への不満充満から『史記』を書いた、と思われても仕方がないかもしれない。しかし、太史公自序をきちんと読んでいれば、父司馬談の遺言のことも出ているのであるから、少なくとも、「司馬遷は、自分が刑罰を受けたことで心に恨みを抱き、そのため『史記』を書いて武帝を非難した。」という誤解は生じない。そもそも、『史記』という書物全体を読んでいれば、こうした見方はあり得ないのではないか、と思う。しかしそれこそ『史記』の評価が定着した後の読者である我々の時代の見方であるかもしれない。後で触れるように、『史記』の評価は、当初は必ずしも高くはなかったのであるから。

それでもやはり気になるのは、極めて早い時期から『史記』に欠損が生じていたこと、それも武帝本紀が失われてしまっていることである（現在『史記』にある武帝本紀は、封禅書から取って埋めたものであって、オリジナルではない）。太史公自序に「漢、興りてより五世、隆は建元（＝武帝の即位）に在り。外には夷狄《いてき》を攘《はら》い、内には法度を脩《おさ》め、封禅し、正朔《せいさく》を改め、服色を易《か》う。今上本紀を作る。」とあるから、司馬遷は、確実に武帝本紀を作っているのである。この部分が残っていれば、司馬遷は不名誉な噂話と無縁でいられたであろうに、惜しいことである。

第3章

「正史」の形成と展開

1 『漢書』の成立

『史記』の続編

司馬遷が『史記』を書いたのは武帝の時、要は前漢帝国の全盛時代であった。ただし、武帝がたびたび行った遠征により国庫は空っぽとなり、司馬遷の生きているうちから、国の衰えの兆しは見え始めていた。それでも武帝の時代は盛りは盛りであった。司馬遷はおそらく前八六年前後に亡くなったと推され、王莽《おうもう》によって国が奪われ前漢が滅ぶ（八年）まで、前漢は司馬遷の死後もほぼ百年は続いた。そうしてみると、司馬遷は前漢という時代のちょうど真ん中頃を生きた、ということになる。

外戚の王莽が帝位について新という王朝を建て、漢は一度滅ぶ。しかし、王莽の不条理なアナクロニズム政策は社会のあらゆる部分に混乱を招き、反王莽の旗を掲げる勢力があちこちに現れ（中で最も有名なのがいわゆる赤眉《せきび》の乱である）、新はあっと言う間に瓦解した。その混乱の中から頭角を現し、漢王朝を復興したのが劉 秀《りゅうしゅう》であり、彼が建てた王朝を現在我々は後漢と呼んでいる。たとえ短期間とはいえ、王莽という存在が間に入っており、前の漢がいっぺん滅んだことは誰にも認識できた。そこで一つの区切りをつけ、前漢についてまとめてみる、という作業が念頭にのぼる。幸い、武帝の中頃までのことは司馬遷の『史記』に詳しく記されているので、前半はそれをだいたい踏まえ、その後百年分のことを付け加えれば、だいたい基本はできあがる。前漢一代の栄光をたたえる書、『漢書』は、そうしてできあがった。

『漢書』を著したのは班固《はんこ》である。ただし、『漢書』の全部が班固によって書かれたのでは必ずしもないらしい。先の司馬遷と『史記』の関係と全く同様に、この場合も、最初に漢の歴史書を書こうと思い立ったのは、班固の父の班彪《はんぴょう》であった。その辺の事情について、『後漢書』班彪伝に次のようにある。

班彪は、才能が高く著作を好んでもいたので、歴史書に没頭した。武帝の時に司馬遷が『史記』を書いたけれども、太初《たいしょ》年間以後のことが欠けていて記録がないので、何人かのひとがその続きの製作を試みていた。しかし、それらの多くは卑俗でとても跡を継ぐものとは言えない。そこで彪は、『史記』が漏らしたことを採り、異説を加えて後伝数十編を作り、『史記』について検討を加えてその得失について述べた。

班彪は、言わば『史記』の続編を書いたようである。ただし、それはどうも充分に詳細なものではなかったらしい。あるいは未完成であったかもしれない。同じく『後漢書』の班固伝に次のようにある。

父の彪が亡くなり、〔班固は〕郷里へ帰った。班固は、父の彪が〔『史記』に〕続けて書いた前漢の歴史書が充分ではないところから、深く検討を加え思いをこらし、その仕事を継ごうと考えた。

そうしてできあがったのが『漢書』である。

『漢書』ができるまでには、実は思いもかけぬ事件が起こってもいる。班固が父の業を継いで歴史書編纂に思いを凝らしていたところ、「班固は国史をひそかに改作している」と訴える者がいて、班固は都の獄に繫がれることとなってしまったのである。当時、予言書を偽作したかどで獄に下されて死んだ者もおり、班固の弟班超《はんちょう》は兄がそうなることを恐れ、自ら朝廷に赴いて兄の著述の意図を詳しく説明し、また書きかけの原稿も届けられた。その検討を経て、むしろ班固の著の優れていることが認められ、皇帝からは完成させるようにとの命を受ける、という「災い転じて福となす」展開となった。「国史の改作」、そのことがどれほど重い罪になるのか、それは「国史」の中心的内容がどこに置かれるかを考えてみれば、想像できよう。『史記』の章で述べたように、国の成り立ち方は、世界を治める皇帝を頂点とする構造として把握されており、歴史書も当然その考え方を受けて構成される。これは価値観の問題である。あらゆる権威・価値が皇帝から発している、その価値観への挑戦ないしその否定、「改作」とはその意味をもって問題となったに相違ない。きわどいところであったというべきであろう。

班固像（晩笑堂画伝）

さて、司馬談・司馬遷親子の場合と同様、班彪・班固親子の場合も、親の遺志を子が継いで後世にまで残る歴史書が完成したということになった。それはあるいは言い換えると、個人の仕事ではなく、家の仕事であった、ということになろう（『漢書』の場合、実は班固は完成させることができず、彼の死後に、彼の妹の班昭《はんしょう》があとを継いで書いた。それでも完成できず、馬続《ばしょく》なる人物が引き継いでやっと完成させているのである）。しかも、『漢書』の場合で言えば、班彪が最初に史書編纂に着手した時、彼は歴史官の職に在ったわけではない。司馬遷父子が太史公の職に在り、そのことが著作の一つの理由になっているのとは違い、班彪の場合には、動機は全く彼個人の内部から現れたのである。それ故、司馬遷の抱いていたいろいろな意味での「義務感」から彼は解放されていたとも言えるし、また一方ではより自分個人の主張を明確に出そうとしていたとも言えるであろう。そうした一種の自由さが、他人に誤って伝えられたのか、息子班固の身に災いとなって降りかかってしまったのは、これは予想外のことで仕方がないといえば仕方がない。

班彪による『史記』批判

さて、班彪は、司馬遷の『史記』を強く意識し、それを継ごうとして歴史書を書こうとした、そのことは先に引いた文によってわかる。司馬遷がかつて『春秋』を継ごうとして『史記』を書いたのは、『春秋』を模範と考えたからであったけれども、班彪が『史記』を継ごうとしたのは、『史記』を模範と考えたからではない。班彪は、次に示すように、『史記』を実に手厳しく批判している。

経を採り伝を摭《ひろ》い、百家の事を分散したことに至っては、はなはだ粗略であり、そのもとに及ばない。多くの情報を広く載せようとしたことはよいが、議論は浅薄で篤実ではない。学問を論じては黄老を崇《あが》めて五経を軽んじ、貨殖を序しては仁義を軽んじて貧窮をはずかしめ、游侠に触れては節を守ることを賤《いや》しめ俗な手柄を貴んでいる。こうした道理に暗いところが大きな欠点であり、彼が極刑に遇ったのにも理由がある。しかし、きちんと順序だてて述べるのはうまく、その弁論は軽薄にならず、質樸《しっぼく》ではあっても野卑《やひ》ではなく、表現・内容ともよくかなっているということでは、やはり良史の才能を持つと言えよう。

『後漢書』班彪列伝

班彪が『史記』を批判するその最大の理由は、儒教道徳に反する部分が『史記』の中に散見する、ということである。例えばその典型として、班彪は、『史記』の貨殖列伝と游侠列伝とを挙げている。貨殖列伝は、一代で財産を築いた大商人の話を集めて述べた部分であり、司馬遷がそれを設けたことを、班彪は「仁義を軽んじて貧窮をはずかしめ」たものとして非難するのである。また、游侠列伝は、端的に言ってしまえば、町のやくざの大親分たちの話を集めて述べた部分である。司馬遷がそれを設けたことを、班彪は「節を守ることを賤しめ俗な手柄を貴んでいる」として非難するのである。しかし、司馬遷は決して反儒教の立場にあった人間ではない。また、『史記』の貨殖列伝と游侠列伝とは、いずれもそこで扱われている人々を全面的に称賛しているわけではない。司馬遷は、貨殖列伝を作った理由については「官位をもたない全くの平民でも、政治の害にはならず、人びとの活動をさまたげることもなくて、うまい時機を見はからい物の売買をしそれでもって富を増やす。知あるひとは、そこから得るところがあるだろう。ゆえに貨殖列伝第六十九を作る。」と言う。金儲けそのものを司馬遷は礼讃しているのではない。むしろ、金儲けを結果としてもたらすに至った知恵や社会観察、あるいは努力といったプロセスこそが、成功者と一般人とを分ける大きな違いであるということこそ、彼が貨殖列伝で後世に残したかったことなのである。また、司馬遷は、游侠列伝を作った理由については「苦難にある人を救い出し、金品に困っている人を援助するということでは、仁者も学ぶ点があり、信頼を裏ぎらず、約束にそむかないということでは、義人も見習う点があろう。ゆえに游侠列伝第六十四を作る。」と言う。ここでも、游侠たちの持つ暴力性を礼讃しているのではない。游侠たちの実践する義理人情は、必ずしも公共性を持つものではなく、むしろ不当に私的なものである場合が多い。しかし、そこで交わされた約束・信頼関係は、決して裏切られることはない。その堅固さ、筋の通し方については称賛に値する、というのが司馬遷の本意であろう。

実際、游俠列伝をきちんと読めば、そこに現れる游俠たちは決して無差別・野放図に暴力をふるってはいない。今風の暴力団とは違うのである。そしてまた、国家・社会が強制力・暴力性をもって庶民を抑圧する時、游俠たちのような存在こそが、かえって庶民を守る役割を果たすことがあることを、司馬遷は知っていたに相違ない。それゆえの游俠列伝なのである。司馬遷の観察はずっと柔軟で幅広い、と言ってよい。逆に、班彪は、それを儒教道徳によって一面化し、また、国家の優位性を疑わなかったが故に、矮小化してしまった、と言うべきではあるまいか。班彪にとっては、大商人たちも游俠たちも、ともに歴史書に載せるに値しない存在、ということになるのである。とは言いながら、彼の子の班固による『漢書』には、貨殖列伝も游俠列伝もともに存在する。貨殖列伝では、『史記』のそれから漢以前の人についての記事や概説的部分をカットしており、若干の付加はあるにせよ、分量的にも少なく、話のスケールも小さい。

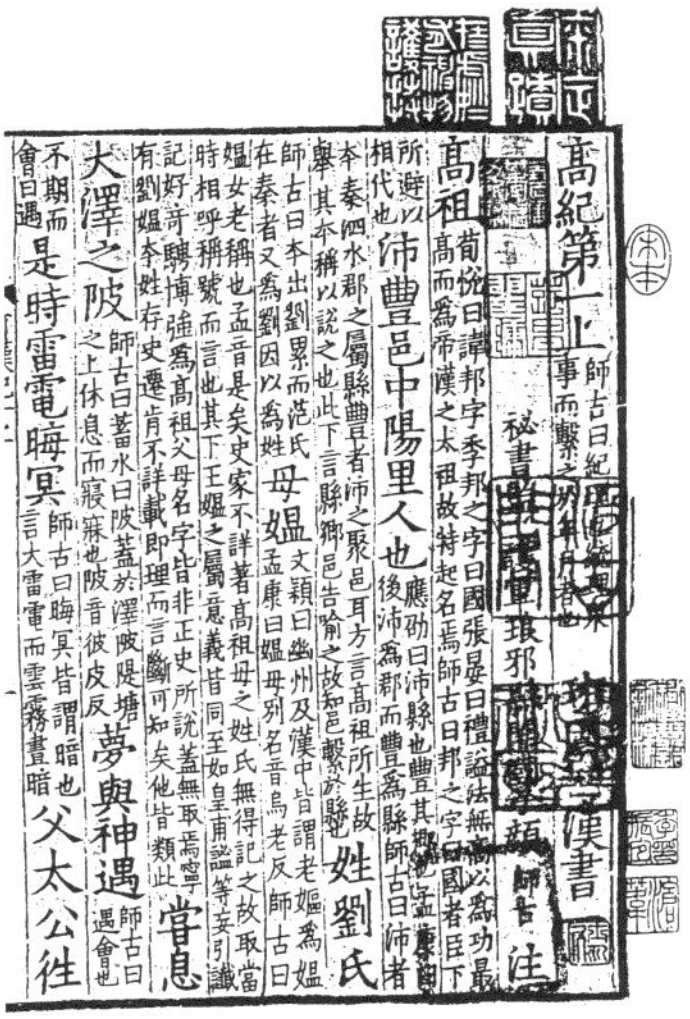
高紀第一上　師古曰紀…事而繫之於年月者也　漢書
秘書…琅邪…顏師古注
高祖　荀悅曰諱邦字季邦之字曰國張晏曰禮謚法無以為功最高而爲帝漢之太祖故特起名焉師古曰邦之字曰國者臣下所避以相代也
沛豐邑中陽里人也　應劭曰沛縣也豐其鄉也孟康曰後沛爲郡而豐爲縣師古曰沛者本秦泗水郡之屬縣豐者沛之聚邑耳方言高祖所生故舉其本稱以說之也此下言縣鄉邑告喻之故知邑繫於縣也
姓劉氏　師古曰本出劉累而范氏在秦者又爲劉因以爲姓
母媼　文穎曰幽州及漢中皆謂老嫗爲媼孟康曰媼母別名音烏老反師古曰媼女老稱也孟音是矣史家不詳著高祖母之姓氏無得記之故取當時相呼稱號而言也其下王媼之屬意義皆同至如皇甫謐等妄引讖記好奇騁博強爲高祖父母名字皆非正史所說蓋無取焉寧有劉媼本姓存史遷肯不詳載即理而言斷可知矣他皆類此
嘗息大澤之陂　師古曰蓄水曰陂蓋於澤陂隄塘之上休息而寢寐也陂音彼皮反
夢與神遇　師古曰遇會也不期而會曰遇
是時雷電晦冥　師古曰晦冥皆謂暗也言大雷電而雲霧晝暗
父太公往

漢書（百衲本、東京大学文学部蔵）

游侠列伝については、そのほとんどを『史記』におっており、一方、追加された人物は悪質な暴力団風のものが多く、これでは司馬遷のコンセプトとは全く異なってしまい、木に竹を接いだ形になってしまった。これでは、『史記』游侠列伝に比べてどれほどの存在意義があるのか、疑問も浮かぶ。その意味で、班固のやり方は中途半端であるとも言えよう。なくすることもできず、かといって積極的存在理由も明らかにし得ない、そうした妥協の産物である、との感がある。父子ともども、司馬遷の真意を充分に理解し得なかった、と言ってもよいかもしれない。

「班馬の争い」

『漢書』ができあがってから、『史記』とそれとの優劣を競う、いわゆる「班馬の争い」が起こった（班は班固、馬は司馬遷を指す）。いずれに軍配を上げるかの傾向は時代によって異なり、初期には『漢書』が優勢であり、のち『史記』の評価が高まってゆく。何を評価基準にするかといった根本問題もあり、二書の優劣は一概には決められない。例えば、形式的独創性で言えば、『漢書』は『史記』をほぼ踏襲しているだけであるからこれは文句なしに『史記』が優れているに決まっている。また、いささか妙な議論ではあるけれども、『史記』は二千年近い期間のことを書き、『漢書』はその十分の一の二百年程のことを書いているのに、分量としては『漢書』の方が多く、それ故文章のむだのなさという点では『史記』が上だ、という評もある（情報量の問題もあるのだから、こうしたことは一概には言えない）。従来、最もよく基準とされるのは、文章であり、その中に込められた道徳であった。道徳について言えば、先に引いたような班彪の『史記』批判は、彼一人だけが抱いたものではない。司馬遷は、あの厳しい道徳的歴史書の『春秋』を継ぐつもりで『史記』を書いたはずなのであったけれども、彼の抱いた道徳は、どうやら必ずしも『春秋』の線に沿ったものではなかった（少なくともそうは受け取られなかった）らしい。また、本来天下に君臨する正統なる王者について記すべき本紀の中に「項羽列伝」を入れたことも非難されるところである。項羽は秦末の乱世に覇を唱えた英雄豪傑ではあるけれども、皇帝として即位したわけでもなく、まして漢王朝を立てた劉邦のライバルでもあり、力を頼みにして乱暴なふるまいの多かった人物として評判はよくない。そうした人物を本紀としてとりあげたことについて、後世の非難が出たことはある意味では当然とも言えよう。もちろん、司馬遷には司馬遷の理由がある。『史記』項羽本紀の末尾、著者による論評（いわゆる賛）において司馬遷は次のように言う。

太史公曰く、（中略）秦が政《まつりごと》を失い、陳渉《ちんしょう》がまず兵をあげると、豪傑が蜂起してともに並び争い、その数はかぞえきれないほどであった。その中で、項羽は尺寸《せきすん》の封土もあったわけではなかったが、勢いに乗じて農民の中から興り、三年にしてついに五諸侯を率いて秦を滅ぼし、天下を分けて王侯を封じ、政令は項羽から出ることとなって、覇王《はおう》と号した。その位は全うすることはできなかったが、近古以来、いまだかつてなかった盛事である。

この司馬遷の言い方によると、秦を滅ぼしその後の態勢の基礎を作ったのは（劉邦ではなく）項羽である、と司馬遷は考えているということになる。それ故、積極的な意味での「功績」ではないにしても、庶民から出て王朝支配をひっくりかえした古今未曾有の人物という点を評価した、というのが司馬遷の本意であろう。そして、司馬遷はやはりそうした項羽の業績や運命に人知を越えた何ものかを感じていたのではあり、それ故の本紀扱いなのではないかと考えられる。そうした意味では、司馬遷の考える本紀は、その後の歴史書の本紀に比べ、さらに広いものを含んでいたと言えよう。劉邦の妻である皇后呂《りょ》氏について呂后本紀を立てたのも、そうした考え方の延長としてはよく理解できよう。したがって、後世の非難は当たっているともいないとも言える、微妙なところである。一方、文章については断然司馬遷の勝ちであり、それは格調高い名文というよりも、人物の性格描写や情景の叙述に優れているという点で評価が高い。なお、彼の文章の優れていることは、先の文にもあるように班彪も認めているところである。しかし、既に述べたように、『史記』の中に司馬遷個人のオリジナルの文がどれほどあるのかはよくわからないところでもあり、あまり過大な評価は慎んでおこう。とはいえ、列伝の中に傑作が多いことからすれば、司馬遷自身の文がやはり優れていたのではとの予想はたつ。

さてしかし、『史記』と『漢書』のいずれが優れているか、という問題の立て方は、実のところもはや余り意欲をそそられるものではない。どちらも優れた書物であり、司馬遷も班固も各自の目的に沿って不朽の業績を成し遂げたのである。しかしながら、一点だけ、班固の『漢書』が、『史記』にはない危うさを生み出してしまったことに触れないわけにはいかない。それは中国の歴史書の歴史を見るうえで、極めて重大な事柄である。問題の所在を明確に示すのは、前漢初期、高祖劉邦亡き後の恵帝と呂后の時期の扱いであり、その間の出来事の残し方である。以下、いささか長くなるけれども、呂后に関する有名な話をめぐる『史記』と『漢書』の違いを見ておこう。

『史記』呂后本紀の記事

高祖劉邦が亡くなった後、皇帝の位は、彼と妻呂后の子が継ぐ。これが恵帝である。ただし、以下の引用文に見えるような事情で恵帝は、およそ満足な治世の期間を持たない。その実質のなさ、そしてその間の実質上の支配者であった呂后の果たした役割を評価し、『史記』においては恵帝の本紀は設けられておらず、むしろ呂后について呂太后本紀（以下、呂后本紀と略す）が設けられ、豊富な内容を盛り込まれて存在意義を誇っている。しかし実のところ、そこに記された内容は、凄惨なものというほかない。長い引用となるけれども、まずその中身をしっかりと確認しよう。考察の便宜上、それぞれの部分にAからEまでの記号をふっておく。

まず『史記』呂后本紀の冒頭である。

A　呂太后は、高祖が微賤であったころからの妃である。恵帝と女《むすめ》の魯元《ろげん》太后を生んだ。高祖は漢王になったころに、定陶（山東省）の戚姫《せきき》を手に入れた。戚姫は寵愛されて趙の隠王如意《いんおうにょい》を生んだ。恵帝の人となりは仁弱で、高祖は自分に似ていないと思い、常に太子を廃して戚姫の子の如意を立てようとのぞんでいた。如意は自分に似ていると思っていたのだ。戚姫は寵愛されて、上（高祖）が関東（函谷関《かんこくかん》の東）に出征するときに常につきしたがい、日夜啼泣して、その子を立てて太子に代えてもらいたいとのぞんだ。呂后はもう年齢をとって、常に留守をまもり、高祖にお目にかかることも稀で、上はますます疎んじた。如意は立って趙王になったが、その後も、高祖はしばしばもう少しで太子を代えようとした。しかし、大臣の諫争と留侯の策とで、太子は廃されないですんだ。

B　呂后は人となり剛毅で、高祖を佐《たす》けて天下を平定し、大臣を誅殺したのは、多くは呂后の力であった。呂后の兄は二人で、ともに将軍になった。長兄の周呂侯は国事に死んだので、その子の呂台を封じて酈《れき》侯とし、子の産を交侯とした。次兄の呂釈之《りょしゃくし》は建成侯になった。

後の凄惨な悲劇の種子は既にこの冒頭に現れている。夫である高祖劉邦が、若い愛人戚姫と生まれた子（趙王如意）への愛に迷い、糟糠の妻呂后を冷たく扱い、果ては二人の間の子も太子の地位から追い落とそうとまで思ってしまう（さすがにそれはならず、二人の子がのちに即位して恵帝となる）。呂后の戚姫と趙王如意への怨みがどれほど強烈なものであったか、そのことは、この冒頭からのちのカタストロフィに至るまで、恐るべき予感としてつきまとって離れない。大臣誅殺に関する「多くは呂后の力であった」というさりげない一文も何という重みを持つことか。

さて、まずはともかく続きをたどってゆこう。高祖が崩じ、恵帝が即位する。その直後からの部分である。

C　呂后は、戚夫人とその子の趙王をもっとも怨んでいた。そこで、戚夫人を永巷《えいこう》（宮中の女官の獄のあったところ）に囚えて、趙王を召喚した。使者が三たび往復したが、趙の宰相の建平侯周昌《しゅうしょう》が使者にいった。「高帝は臣に趙王のことを依嘱されました。趙王はまだ年少です。ひそかに聞くところによりますと、太后は戚夫人を怨み、趙王を召しよせて合わせて誅殺なさろうとのぞんでおられるとのことです。臣はあえて趙王をお遣りいたしません。かつまた趙王はご病気です。詔を奉ずることはできません」

呂后は大いに怒り、趙の宰相を召喚させた。趙の宰相は徴《め》されて長安にいった。そこで、また使者を派して趙王を召喚させた。趙王が都へ向かい、まもなく宮廷に到着しようというところで、仁慈の人であった恵帝は、太后の怒りを知ってみずから趙王を覇上《はじょう》に迎え、ともに宮廷にはいった。そして、みずから被護して趙王と起居飲食をともにした。太后は趙王を殺したいと思ったけれども、恵帝がついていてすきがなかった。恵帝の元年十二月、帝は早朝に狩にでた。趙王は幼少で早起きできなかった。太后は趙王がひとりだけでいると聞き、人をやって、酖毒《ちんどく》を持っていって飲ませた。黎明《れいめい》に恵帝が帰ってきたときには、趙王はすでに死んでいた。こうして、淮陽《わいよう》王友を遷して趙王とした。夏、詔して、酈侯の父に諡《おくりな》を賜うて令武侯とした。

呂后は一番の敵である戚夫人を獄に囚え、その上でまずはわが子の地位を脅かした存在であった趙王如意の殺害にとりかかる。恵帝が即位しているのであるから、もう脅かされる心配はない。しかし、そんなことで呂后の気がおさまるわけはない。恵帝は母の意図を知り、趙王如意を必死にかばう。しかしその努力も空しく、早朝に恵帝が狩りに出た隙を狙って呂后は趙王如意を毒殺する。狩りから戻ってきた恵帝はどう思ったことであろうか。さて、いよいよ恐るべき惨劇を語らねばならない。

D　太后は、いよいよ、戚夫人の手足を断ち切り、眼球をくりぬき、耳を熏《ふす》べて聞こえなくさせ、瘖薬《いんやく》を飲ませて口がきけなくし、便所の中において、「人彘《ひとぶた》」と名づけた。数日たって、恵帝を召して人彘を観させた。恵帝は見て質問して、それが戚夫人であることを知り、大声に泣き、そのために病気になり、歳余にわたって起つことができなかった。そして、人をやって太后に請願させた。
「これは人間のすることではありません。わたくしは太后の子として、とても天下を治めることはできません」。

こうした理由で、恵帝は毎日酒を飲んで淫楽し、政治を聴かなかった。病気になったのはそのためである。

ひと思いに殺すことをせず、あらゆる残虐な手を加えて生かしておくなど、まさにこれは人間のすることではない（ましてわが子に見せるとは！）。こうした扱いをされて、もちろん、戚夫人は間もなく亡くなったことであろう。最終的には惨殺であると言ってよい。しかし、死に至るまでの間に与えた苦しみの大きさは、惨殺それ以上の、遥かに慄然たる思いを我々に抱かせる。「これは人間のすることではない。」という恵帝のせりふを借りるまでもない。恵帝が酒におぼれ逃げようとしたのは政治からではない。恐るべき自分の母であり、その母をかくも恐るべき存在にしてしまった「権力」の魔力、であろう。のち、恵帝は結局即位七年にして亡くなる。二十三才であったという。不幸な人であった。

呂后をめぐる周囲にとっての災いは、これで終わったわけではない。

E　二年、楚《そ》の元王、斉《せい》の悼恵王《とうけいおう》らがみな来朝した。十月に、恵帝は斉王とともに太后の御前で酒宴をひらいた。恵帝は斉王が兄だからと思って、天子と諸侯という形式をとらず、家族の礼式のように兄たる斉王を上座にすえた。太后は怒って、二つの杯に酖毒をついで前におき、斉王に起って寿をことほぐように命じた。斉王は起った。すると、恵帝も起って、杯をとってともに寿をことほごうとした。太后は恐れて、みずから起って恵帝の杯を引っくり返した。斉王は怪しんで、あえて飲まず、酔ったふりをしてたち去った。のちに、問うてそれが酖毒であったと知って、斉王は恐れ、長安から脱出できないのではないかと憂えた。斉の内史（王国の国人を治めることを掌る官）の士というものが王に説いた。

「太后には、ただ恵帝と魯元公主があるだけです。いま、王は七十余の城市を保有しておられますが、公主は数城市を領しておられるにすぎません。王がもし一郡を太后に上《たてまつ》り、公主の湯沐《とうもく》の邑《ゆう》となさいますならば、太后は必ず喜び、王はきっと憂いがなくなられましょう」。

そこで、斉王は城陽の郡を献上し、公主を尊んで王太后とした。呂后は喜んでこれを許し、斉王が都に持っていた邸第で酒宴をひらき、楽しく飲んで、斉王を帰国させた。

呂后の魔の手は次なる目標にも襲いかかる。斉の悼恵王、劉肥《りゅうひ》である。彼は劉邦を父としているが、母は呂后ではない。劉邦と曹氏と呼ばれる女性との間の子で、恵帝より前に生まれており、恵帝からすれば兄に当たる（『史記』には長庶兄と称している）。しかし、恵帝にとって兄に当たるとは言っても、恵帝が至尊の存在である皇帝である以上、悼恵王劉肥は一臣下に過ぎない。それが兄と弟という姿で、群臣の前の宴席上で立場の上下が入れ代わってしまった。呂后にしてみれば、またも我が子恵帝がないがしろにされたと感じたことであろう。呂后は、毒酒を以て劉肥を殺害しようとするのである。この場合、恵帝が母呂后の恐ろしい意図に気が付いたかどうかは『史記』の文章からはわからない。しかし、この件は趙王如意や戚夫人の件の後のことである。母の恐ろしさを恵帝は充分に知り、さらなる悲劇がいつ起こるか、日々予感しつつ生きていたことであろう。劉肥とともに杯を取ろうとした恵帝の姿は、やはりその予感のなさしめたもの、という感じがする。幸いにも呂后の意図は遂げられない。祝いの毒酒とそれをめぐる思わぬ展開は、『ハムレット』のラストを思わせる（ここでは未遂で終わって幸いである）。その場はしのいだものの、悼恵王劉肥は、自分が生きて長安を出られるか、不安に恐れおののく。しかしよいアドバイスが得られた。「呂后の心配は、その子恵帝と魯元公主が充分に力を持っていないことにある。そこに働きかければよい。自分の領有する多くの地の中から一部を魯元公主に湯沐の邑（沐浴に必要な費を提供する地）として献上すれば、お覚えはめでたくなり、無事に帰れる。」と。この作戦は見事に成功し、劉肥は帰国することができたのである。

こうして見てくると、呂后の残虐行為は、女の嫉妬によるものではなく、むしろ子を守る母の想いから出たものというべきであろう。どこか鬼子母神の話を連想させる一途なところもあり、また、もし皇帝の位というものに関わりがなければかくも凄惨なことにもなりはしなかったであろう、とも考えられる。

しかし、呂后の心を探ることはここでの作業ではない。『史記』は、このように、呂后についてその行状をまとめた呂后本紀の中で彼女の残忍なる行いを余す事なく充分に伝えている。問題は、こうした呂后の行いを『漢書』がどのように伝えているかである。

『漢書』の記す呂后

司馬遷の『史記』は、高祖劉邦が崩じ、恵帝が即位してから後のことを、呂后本紀の中にまとめて記している。しかし、班固の『漢書』においては、まず恵帝紀（『漢書』巻二）が設けられ、恵帝存世中に起こった出来事はそこに記してある。その上で、呂后の本紀（高后紀、『漢書』巻三）が設けられ、恵帝亡き後の呂后による実質的治世はそこに記されている。『漢書』の特徴は、呂后について、呂后の本紀（高后紀）においてだけではなく、さらに外戚伝が設けられて（『漢書』巻九十七）その中にも呂后についての記事が記されていることである。『史記』に比べ、形式上、分散化されたことは明白であるけれども、そのことにどのような意味があるのであろうか。班固の意図はどこにあるのであろうか。それを知るには、『史記』と『漢書』を比較するのが手っ取り早い。班固は当然『史記』を読んでいる。先に引用した『史記』呂后本紀の記事が、『漢書』ではどのようになっているであろうか。順番に見ていこう。

『史記』のAの記事は、本紀である高后紀にはない。高后紀の冒頭は、「高皇后は呂氏の出で、恵帝を生んだ。高祖の天下平定の事業を助け、高祖が成功するに及んで、皇后の父兄で封侯となった者は三人あった。」と始まり、以下、恵帝の即位、崩御後の執政のことに直ちに入っていく。『史記』のAの記事は、高祖が「(趙王)如意はわしに似ている」と言ったなどという若干の補充の文を加えた上で、実は、『漢書』外戚伝の冒頭部分に置かれているのである。さらにBの記事も『漢書』外戚伝に続けて記されている(ただし、後半の「誰を何王とした」という記事は省略されている)。

しだいに凄惨な雰囲気となる以下の部分はどうであろうか。『史記』のCは趙王如意を毒殺するくだりである。『漢書』高后紀にはこの部分もない。この話は、『漢書』では外戚伝に、先のBに続けて記されているのである。しかも、そこには、呂后によって囚人とさせられた戚夫人が獄中にあって歌った嘆きの歌が挿入されている。そしてDの「人彘《ひとぶた》」の話は、これも『漢書』高后紀には記されず、やはり同じく外戚伝に記されているのである。

話の主役は呂后であるとはいえ、時代は恵帝の時代である。では恵帝の本紀にはこれらの話は出て来ているのであろうか。答えは一言、「ない」と言わねばならない。全く何のかけらもないということではない。『漢書』恵帝紀には次のような記事がある。

元年の冬十二月、趙の隠王如意が薨《こう》じた。

なるほど事実はそうであろう。恵帝の元年の冬十二月に趙の隠王如意はこの世を去った。しかし、彼がどのような死に方をしたのか、『史記』によれば呂后による毒殺ではないか。その肝心なところが、『漢書』恵帝紀には一切出てこないのである。また、同じく恵帝紀には次のような記事もある。

二年の冬十月、斉の悼恵王が来朝し、魯元公主の湯沐の邑を益すため城陽郡を献上し、公主を尊んで太后とした。

これまた事実はそうであろう。確かに斉の悼恵王劉肥は魯元公主に湯沐の邑として城陽郡を献上している。しかし、それはなぜであったか、呂后の不興を買って殺されそうになった悼恵王が、難を逃れるために必死の思いで行ったことではないか。つまり、『漢書』恵帝紀においては、これらの出来事の陰に呂后がいることが全く見て取れないような書き振りになっているのである。なお、『漢書』には高五王伝があり（巻三十八）、高祖の子たちの運命についてはそこに記されている。悼恵王劉肥の右の話は『漢書』ではそこに見えている。また、高五王伝には、当然趙の隠王如意の記事もある。その全文は次の通りである。

趙の隠王如意、〔高祖の〕九年に立つ。四年にして高祖、崩ず。呂太后、王を徴《め》して長安に到らしめ、之を鴆殺す。子、無し。絶（断絶）。

まことに気の毒な運命をたどったこの王子について、『漢書』の記事はあまりにも素っ気ない。

『漢書』のコンセプト

呂后をめぐる陰惨な話は『漢書』の中に記されていないのではない。『史記』にはっきりと記されていた呂后の残虐な行為について黙殺するということは、班固も断じてしてはいない。しかしながら、それらが記された『漢書』の中の位置が問題である。

本紀は、『史記』でも『漢書』でも最初の位置に置かれる。後述のように、これらを見習って書かれた歴代正史は、どれも必ず本紀を本の最初の位置に置く。世界を治める、世界の頂点に立つ至尊の王者を記すためのもの（形式）である本紀が最初に置かれるのは、歴史書それ自身が一つの世界観の表象であるが故に、ごく当たり前のことである。世界の中心で価値観の源泉である王者を記す本紀は、優先順位が高いのである。建前と形式上そうである限り、内容もそれにふさわしいことが、本来求められて当然である。本紀に現れる王者は、人徳に溢れ智に優れた者であって欲しい（そうあらねばならない）。しかしながら、現実はそううまくいくとは限らない。完全無欠な人格の王者など、むしろいないと言ってよい（いるとすればそれは遥か遠い昔の伝説の帝王だけである）。とすれば、もしその本紀の内容を、まさに本紀としてあるべきものと一致させようとするならば、王者の行った愚行や過ちなどを、いかにうまく目立たないように処理するかが問題となってくる。

『漢書』においては、前漢最初期に呂后の行った残虐行為をどのように処理するかが問題となる。それは次のような形で処理されたのであった。呂后の行った残虐行為は恵帝紀・高后紀いずれであれ、本紀には載せない。ずっと後の位置に配列され、総数としても（本紀より）相当に多い列伝の中に、問題の箇所を挿入しておく、という方法を採ったのである（『漢書』は、本紀は十巻、列伝は七十巻ある）。こうして、問題の箇所を目立つ場所からは外し、しかし全体の中には入れてあるという、「見事な」解決がはかられたのであった。

『漢書』の採ったこうした方法を、我々の目からどのように評価すればよいか。かつて『史記』に書かれたいろいろな事実は、『漢書』全体を見渡せばきちんと載せられているのであるから別に問題はない、と考えることもできよう。しかしもしそういう理屈を立てるならば、それはこれら歴史書のコンセプト理解ということからは適切ではない。先に引いた『史記』太史公自叙に書かれていたように、本紀とか世家とか列伝とかいった形式とそこで扱われる対象とはふさわしい対応関係があり、誰がどこに入ってもいいというものではない。そして配置の順番もどうなっていてもいいというものではない。それ故、呂后の場合にも、劉邦が皇帝に即位する前のことならともかく、呂后が皇后としてさらには皇太后としてその地位にありその権力を振るった時のことならば、彼女の本紀を立てた以上、本紀の中に述べるのが妥当である。班固が、呂后に関する好ましからざる記述を、列伝の中の最後尾の方に置いたのは、呂后のための、ひいては漢王朝のための配慮であるけれども、「事実を事実のまま、ふさわしい形で書き残す」という立場からは、大きな退歩であると評価するほかない。実際、班固のこうした執筆方法によって、『漢書』恵帝紀と高后紀は、ほとんど何の見るべき記述のない、薄っぺらなものとなってしまったのである。そしてそれ以上に、班固の真意はどうあれ、「権力者のために隠す」ということが正当化されてしまう方向性を確立してしまうこととなったのである。こうしてみると、呂后が亡くなってまだ百年もたたないうちにあれだけの記述を憚ることなく書き残した司馬遷は、やはり偉大な歴史家であった、というべきであろう。

宮廷のトイレ

ここで、小話をひとつ挟んでおこう。

呂后による戚夫人への残虐行為を伝える『史記』呂太后本紀の記事を先に引いておいた。あの記事を読んだ方は、普通に一つの疑問を抱くのではないかと思う。

太后は、いよいよ、戚夫人の手足を断ち切り、眼球をくりぬき、耳を熏べて聞こえなくさせ、瘖薬を飲ませて口がきけなくし、便所の中において、「人彘《ひとぶた》」と名づけた。数日たって、恵帝を召して人を観させた。恵帝は見て質問して、それが戚夫人であることを知り、大声に泣き、そのために病気になり、歳余にわたって起つことができなかった。

なぜ戚夫人を便所におき、なぜ「人彘《ひとぶた》」なのか？　また、用を足そうという人以外の存在（人であれ動物であれ）が、便所の中にいることはあり得ないから（トイレのクローゼットは完全個室であろう！）、何か動くものがいたら、恵帝もすぐに気づくであろう。いったいこれはどういうことなのだろう？　このように思うのではないだろうか。

これは当時のトイレがどのようなものであったかを知れば、すべて容易に合点がいくものである。

古い時代のことは、文献に書かれたことからだけではなかなか理解しづらく、衣装のデザインや家の構造とか、ごく当たり前のことが実はよくわからない。発掘されるものの中から考古学者が苦労して復元を試み、最近になってようやく判明してきたこともすこぶる多い。そうした中、トイレについては比較的その実態がわかっていた。一つには、中国の（特に農村の）トイレは古い時代から余り変化がなかったからであり、もう一つには、トイレをかたどった小さな焼き物の副葬品がいくつも発見されていたからである（図参照）。上に小屋があって、人はその中で用を足す。人が排泄したものはスロープをコロコロ（あるいはビチビチ）と下へと落ち、そこに豚が飼われていて、人の排泄物を食べて太っていく、というまことに簡単極まりない構図になっている。そうして太った豚を人間が食べ、排泄物をまた豚が……という連鎖も、これまた見事にできあがっている（これではかつて豚が不浄の動物とさ

中国古代のトイレ　これは漢代に作られた緑釉製のもので、墓葬の副葬品である。四角く囲まれた中に豚がおり、やや高い位置にある建物が人が用を足す場所で、そこから排泄物が下に落ちて行く構造になっている。簡にして要を得たとはこのことか。

れたのも当たり前である)。

すなわち、「ひとぶた」とされた戚夫人がいたのは、決して人が用を足すまさにその場所ではない。人の排泄物が転がり落ちてくる、下の方の場所である。そこには豚が何頭も飼われていて、要は、その中に混じって戚夫人がいたのである！　だから「ひとぶた」なのである。土の上で、さまざまな汚物にまみれ、豚たちの中にいた、だから恵帝が最初戚夫人に気が付かないのも当たり前なのである。そして、気が付いた時のショックが大きいのも、これまたごく当然なのである。

世にも恐ろしいこの「ひとぶた」の話は、こうしたかつてのトイレのことを知らないと理解ができない。このように理解するならば、前漢のこの当時、農村にあるのと同じようなトイレが宮廷内に存在した、ということになる。

『漢書』のオリジナリティ

班固の『漢書』は、その書かれた動機の中に『史記』に対する不満があったことは確かであろう。しかし、『漢書』の本としての形式は『史記』をほぼそのまま受け継いで紀伝体を採用した。『史記』において主に諸侯や諸王を扱った部分である世家がなくなったこと、制度を記した部分が「書」から「志」へと名称が変わり、また芸文志《げいもんし》(宮廷蔵書目録)のように新しく設けられた部分が加わったこと、のような違いもあるとはいえ、本紀と列伝によって代表される紀伝体という形式を選び、採用したことには何の疑いもない。班固は、前漢の歴史を書こうという際、決して『春秋』の編年体、即ち年月日ごとに事件を記していく方法を採用せず、『史記』に始まる紀伝体を採用した。ここに、紀伝体によって歴史を記すという、歴史書編纂の一つの型が定まることとなった。

『漢書』は、何も『史記』の模倣であるばかりではない。その独自性は、『史記』が長い時間(二千年以上?)を対象としたのに対し、『漢書』は前漢という一王朝のみを扱ったことにある。しかし、班固の念頭に、歴史を書くときの方法の一として「王朝ごとに区切る」という方法もあるからそれを実践してみよう、という確固たる主張があったかどうかは実は疑わしい。なぜなら、『漢書』の中に、太古から当代までの人物の優劣を論じた古今人表という部分があり、そこにおいて扱われている人物は漢代に限られず(むしろ漢代の人間は少ない)、班固にもし漢一代に限定した歴史を書こうという強い主張があったならば、こうした部分が設けられることは考えられず、どこか中途半端な姿勢が見受けられるからなのである。さらには、古今人表に名前が見える人物たちの事績については『漢書』それ自身の中では確認できない場合が極めて多いのであるから、時代の区切りのことを超えて、この古今人表の存在意義は疑わしいものとなってしまう。ともあれ、班固によって始められた、王朝ごとに区切って歴史を記してゆくこうしたやり方を断代史と言う(一方、『史記』のような例を通史と言う)。以後、中国の歴史書のスタイルは、紀伝体を使った断代史ということになり、『史記』から『明史』まで、二四種の歴史書が「正史」と呼ばれて最も権威ある歴史書とされることとなった。

司馬遷が始めた紀伝体も、それを踏襲する人がほかにいなければ、歴史書のスタイルとして固定することはない。班固が『漢書』でそれを用いたことが、その後の流れを決定づけたのである。あとに続くものがいたことは、それはそれで幸いなことだった。

2　『三国志』の苦悩

道徳的評価を含んだ歴史記述

第1章で挙げた『春秋』に始まる中国の歴史書には、際だった特色がある。現代の我々にとっては全く当たり前の「歴史書は忠実な事実を書き記す」という前提が必ずしもない、ということである。その典型的な例を『春秋』に見た。ただし、『春秋』のために弁明しておくと、『春秋』において、事実が事実どおりに書かれていなくても、それは歴史の歪曲が図られたからではない、ということである。『春秋』の場合、「事実をありのままに記すこと」の向こう側に人間のあるべき道を見据える目があった。その目の厳しさ故に、『春秋』の記述は、事実以上にむしろ峻厳であった。当時も今と同じく、あってはならない状況や起こってはならない事件があった。その責任を厳しく問い、追及する、そういう姿勢が『春秋』にはあった（とされる）。しかし、その厳しさは『春秋』

一代限りのものであった。『春秋』がそのスタンスを守り得たのは、『春秋』は聖人孔子の手に成る、というその一点にかかっている。歴史に対する峻厳さは、聖人孔子の権威を以てようやくに保ち得た、極めて危うい位置にあるものであった。孔子に並ぶかまたは越える人物が現れない以上、真の意味では『春秋』の伝統は継承され得ないのである。加えて、孔子の存在は、歴史叙述に対してあまり芳しくない影響も強く残している。それは、歴史叙述に道徳を持ち込んだということである。

「本来あるべき理想の姿」を基準にして、その理想とかけ離れた現実に批判を加える、という作業は、それはそれで一つの知の営為として意味を持つ。しかし、それは「正確な歴史的事実の記録」がなされた後、その次の段階に現れるべきものである。評価と記録が初めから一体となった時、「過去に起こった現実」は、本来あってはならなかったことであることが多く、その否定的価値の故に前面から退けられ、逆に歴史の闇の中に消されてしまうこととなる。事実は事実であるが故に価値を持つ、ということに、残念ながら気が付かなかったらしい。そして孔子が持ち込んだ道徳は、全ての人の平等な尊厳を謳うものではなく（もちろん、それは当時としては仕方がない）、君主を頂点とする秩序構造の遵守を要求するものであった。後世の歴史書は、その点は忠実に引き継いだ。「事実を事実として書き残すことへの関心の希薄さ」と「権威主義的秩序維持の道徳」が結び付いた時、歴史や歴史書はそれらの持つ本来の意味を一切喪失し、権力に奉仕する支配装置の一つへと堕することになる。しかしこれが多くの中国の歴史書の姿であった。つまり、平たく言えば「勧善懲悪」が狙いであり、「善」は皇帝であり王朝でありそれらに忠実なものであり、「悪」はそれらに逆らうものであった。

さて、「勧善懲悪」はまだわかりやすい。複雑な要素を含んでくるのは「正統論」である。「正統論」とは何か、具体的な例を挙げたほうがわかりやすいので、日本人にもなじみの深い『三国志』を例にとってみよう。吉川英治の『三国志』は読まれた方も多いと思うが、あれは小説『三国志通俗演義』に基づくものであって、今ここで扱おうとする正史の『三国志』とはとりあえず別物と思っていただきたい。

『三国志』と正統論

正史『三国志』は、陳寿《ちんじゅ》によって著された本であり、後漢王朝が内部から崩壊し、群雄たちが覇を競い合う二世紀末から始まり、後漢が滅んで中国は魏《ぎ》・呉《ご》・蜀《しょく》の三つの国に分かれ、これらが再び晋《しん》として統一される三世紀の終わりの頃までを扱っている。小説を読まれた方はよくご存じのように、姦雄曹操《そうそう》の子である曹丕《そうひ》が、後漢最後の皇帝の献帝から位を奪って魏王朝を開くと、呉と蜀でも孫権《そんけん》や劉備《りゅうび》が相次いで即位し、事実としては中国に三人の皇帝が同時に存在していたのであった。魏・呉・蜀の三国は、それぞれ固有の年号を用い、それぞれに皇帝がいたのである。しかし、中国には古くから「天に二日なく、土に二王なし」という言わば信念があって、同時に三人の皇帝が存在するなど、本来あってはならないことなのである。一方、たとえ国が分裂していようと、開闢《かいびゃく》以来、脈々と伝えられて来た由緒正しい「天下人」たる資格は誰かに必ず受け継がれているはずである、というこれまた信念もある。となると、魏・呉・蜀の三人の皇帝のうち、誰か一人は正しい皇帝であり、残る二人は偽の皇帝ということになる。陳寿の背負った課題は、「三人が皇帝を名乗ったことをきちんと書きつつ、しかしそのうち正しいのは一人だけであることを明らかに示す」、要はこういうことだ。これは、事実をただ書くだけでは解決されない問題である。それでは三者並立ということになってしまう。事実を書きつつ、しかし、目次を見ても即座にそれとわかるように、三人のうちただ一人の正しさが表されていなければならない。当然の悩みどころと言えよう。まず陳寿による歴史評価が決まってなければ、書き始めることはできない。この評価はどうであったか。

この極めて重要な点について、陳寿の『三国志』は、魏を正しいものとし、呉・蜀については正統なる皇帝とは認めない、という立場を採っているのである。その魏の「正統性」は、『三国志』

の中にどのような形で表れているであろうか。

先に触れたように、中国の歴史書の標準的形式である紀伝体は、皇帝について記した本紀と、臣下について記した列伝とを必須とする。『三国志』も当然この紀伝体を採っているが、本紀は魏についてだけ設けられ、呉と蜀については本紀はなく、実際には皇帝を称した孫権も劉備も列伝で扱われているのである。まず、史書の冒頭を飾る本紀の部分から、こうした差別をつけるのである。そうした形式上の別扱いによって、書かれた中身（人物）のその実質までも違うということを、陳寿は主張しているのである。これが正統論の歴史書への表れ方の典型である。由緒正しい皇帝は魏の皇帝のみ、他は違う、ということを一見して読者にわからせる、この上ない明瞭なやり方である。

武帝紀・先主伝・呉主伝

魏が正統な皇帝であることは決まった。残る二国についてはどうなっているか。蜀の劉備は、先主伝が設けられてその事績が記され、呉の孫権は、呉主伝が設けられてその事績が記されることとなった。両者とも列伝の扱いで同等か、というと実はそうではない。劉備については、地の文の中での呼び捨てが避けられているのに対し、孫権についてはそういった配慮はない、という違いがある。

実際に、曹操・劉備・孫権の三人がどのような扱いをされているのか、見てみよう。

曹操については、『三国志』魏書の最初に「武帝紀」としてその事蹟が記されている。その冒頭の文はこうである。

太祖武皇帝は、沛《はい》国、譙《しょう》の人なり。姓は曹、諱《いみな》は操、字《あざな》は孟徳《もうとく》、漢の相国参の後なり。

この「太祖武皇帝は」という書き出しにまず注意されたい。以下、建安元年九月に曹操が大将軍に任じられ武平《ぶへい》侯に封じられるまで、武帝紀では彼のことをずっと「太祖」と称し続ける。そしてそれ以後においては「公」と称され、建安二十一年に魏王に爵位が進むとそれ以後は「王」と称される。そして彼の死について、「王、洛陽に崩ず。年六十六なり。」と言うように、最後まで「王」と称し続けるのである。そしてこの武帝紀末尾の陳寿による評の部分では、「太祖運籌演謀…」というように曹操は「太祖」と称されているのである。すなわち、地の文において「曹操」と名を以て呼ぶことはないのである。

続いて劉備である。彼については『三国志』蜀書の二番目の位置に先主伝としてその事蹟が記されている（なお、蜀書の一番目は、劉備以前に蜀地方を治めた劉焉《りゅうえん》・劉璋《りゅうしょう》について書いた劉二牧伝である）。先主伝の冒頭は次のようである。

先主は姓は劉、諱は備、字は玄徳《げんとく》、涿《たく》郡涿県の人、漢景帝の子中山靖王勝《しょう》の後なり。

劉備については「先主は」という書き出しに始まり、以下、先主伝の終わりまでずっと「先主」と称され続ける。劉備の死についても、「先主、永安宮に殂《そ》す。時に年六十三なり。」と言い、陳寿による評の部分でも「先主之弘毅寛厚…」というように、劉備は一貫して「先主」と呼ばれているのである。すなわち、地の文において「劉備」と名を以て呼ぶことはないのである。

では最後に孫権について見てみよう。彼については『三国志』呉書の二番目の位置に呉主伝としてその事蹟が記されている（なお、呉書の一番目は、孫権の父の孫堅《そんけん》と兄の孫策《そんさく》について書いた孫破虜討逆伝である）。呉主伝の冒頭は次のようである。

孫権、字は仲謀《ちゅうぼう》なり。

曹操や劉備についてとは違い、いきなり姓名と字を記し、その後は直ちに彼の事蹟を記し出している。そして、以下、「(兄の)策、薨《こう》じ、事を以て権に授け、権、哭して未だ息するに及ばず。」といったように、彼は常にその名を以て「権」と呼ばれている。孫権の死についても、「権、薨ず、時に年七十一なり。」と言い、陳寿による評の部分でも「孫権屈身忍辱…」というように言い、孫権はその名によって呼ばれ続けるのである。

以上、まずこれだけの比較でもその差別待遇ぶりはうかがえるであろう。さらに付け加えると、劉備や孫権の伝の中に曹操が現れる際、名を以て呼び捨てにすることがない、という特徴がある。具体例を挙げておこう。

曹公、孫権を征し、権、先主を呼び自ら救わしめんとす。　先主伝

(劉)備と倶《とも》に進み、赤壁に遇し、大いに曹公の軍を破る。　呉主伝

蜀の先主伝では孫権は「孫権(権)」と呼ばれ、呉の呉主伝では劉備は「劉備(備)」と呼ばれ、この両名についてはお互いに名を呼び捨てにしている。しかし、曹操については先主伝・呉主伝と

もに「曹公」と呼んで名を呼び捨てにすることはない。こうしたところにも、曹操を上位に立てているることがうかがえるのである（なお、武帝紀では劉備も孫権も当然呼び捨てである）。このように、まさに叙述そのものに、人物に対する評価がダイレクトに表現されているのである。

陳寿個人の事情

かつて中国では尊貴な人の本名（姓ではなく名の方）を呼ばない、というタブーがあった。劉備と孫権の二人について言うと、劉備に対してはそれが守られているのに対し、孫権についてはそうした配慮がない、ということは、当然、陳寿は劉備を孫権よりも上位に置いている、ということなのである。陳寿は実は蜀の出身である。しかも実は彼の父はあの諸葛亮《しょかつりょう》に仕えていたことがあるのである。旧主につながる人物を立てた、そういうところかもしれない。あるいはやはり劉備は漢王朝につながる人物であると思っていたのかもしれない。いずれであれ、劉備は明らかに孫権より上位に置かれて、『三国志』は書かれているのである。

要は、まとめるとこうなる。三世紀、中国には皇帝を名乗る人物を上に戴く三つの政権が同時に存在した。魏と蜀と呉である。その時期のことを記した『三国志』という本は、その三国について、魏を正統な皇帝の資格を持つものとみなし、他の二国はそうではないとした。その上で、他の二国については蜀が上で呉が下である、というランキングをつけたのである。国力とかではなく、「君主の地位のもつ正統性」という立場から、あるいは著者の立場から（それは個人的でもあろう）、三国に順位がつけられ、形式上にもそれを反映させつつ歴史書『三国志』は成り立っているのである。

しかし、我々にしてみればやはりこれでは困る、と言うべきではないであろうか。正統か正統でないかは、事実をまずきちんと押さえたうえでのその後の評価として下せばいいことであって、初めから評価を含めてしまい形式上の取り扱いまでも違えて書いてもらっては、歴史的事実について混乱・誤解を招くことになるだけである。しかし、中国の歴史書というものはそういうものなのであり、むしろ、評価が表にあらわれない歴史書などは、執筆者としての義務を放棄したものであり、読者に対して何の指針も示し得ない不完全なものとして、存在理由がないものであった。陳寿の『三国志』もそうした当時の常識に則っているだけであって、

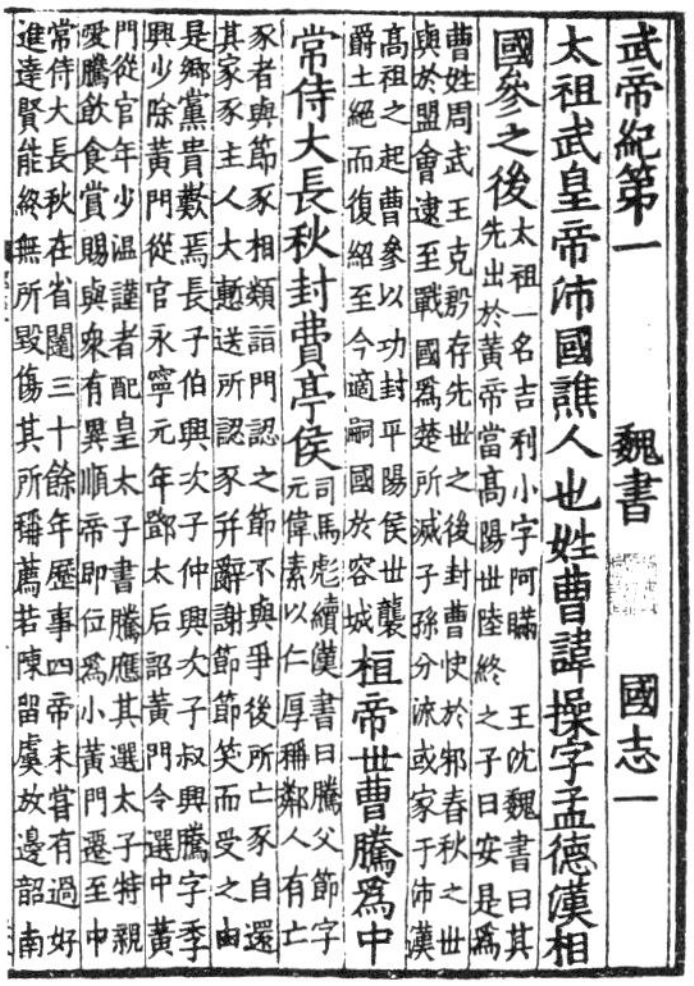
武帝紀第一　魏書　國志一
太祖武皇帝沛國譙人也姓曹諱操字孟德漢相
國參之後太祖一名吉利小字阿瞞王沈魏書曰其先出於黃帝當高陽世陸終之子曰安是爲
曹姓周武王克殷存先世之後封曹俠於邾春秋之世
與於盟會逮至戰國爲楚所滅子孫分流或家于沛漢
高祖之起曹參以功封平陽侯世襲
爵土絕而復紹至今適嗣國於容城桓帝世曹騰爲中
常侍大長秋封費亭侯司馬彪續漢書曰騰父節字元偉素以仁厚稱鄰人有亡
豕者與節豕相類詣門認之節不與爭後所亡豕自還
其家豕主人大慙送所認豕幷辭謝節節笑而受之由
是鄉黨貴歎焉長子伯興次子仲興次子叔興騰字季
興少除黃門從官永寧元年鄧太后詔黃門令選中黃
門從官年少溫謹者配皇太子書騰應其選太子特親
愛騰飲食賞賜與衆有異順帝即位爲小黃門遷至中
常侍大長秋在省闥三十餘年歷事四帝未嘗有過好
進達賢能終無所毀傷其所稱薦若陳留虞放邊韶南

三国志（百衲本、東京大学文学部蔵）

その限りにおいて彼個人を責めるのは不当であろう。私が言いたいのも、評価という行為自身が悪いということではない。評価ならば現在の歴史家にとっても必要とされる行為であって、その点については同じである。そうではなくて、評価という行為が、叙述そのものに影響を与え、形式を縛り、そこから事実に歪みを生じさせたり、偏見を生み出すことがあれば、それこそが重大な問題だということなのである。中国の歴史書にはそれがあったのであり、それ故、ここで取り上げたのである。

さらに、「評価の基準」というそもそもの問題がある。陳寿が何故に魏を正統としたか、そこには時代的制約も個人的制約もあった。陳寿は晋の時代の人である。その晋は、司馬氏が魏王朝から位を奪って建てた王朝である。陳寿にとっては、その中に自分が生きている（そして仕えている）晋王朝が正統なものであるとする必要があり、そのためには先立つ魏（晋はその後を継いだ）が当然正統でなければならない、という理屈に当然なる。実はこれは陳寿にとっての「正統」の理屈である。それゆえ、例えば陳寿よりもやや後の時代の習鑿歯《しゅうさくし》という人は、三国のうち、蜀を正統として歴史書を書いたし、南宋の朱熹《しゅき》（朱子）も『資治通鑑綱目《しじつがんこうもく》』において蜀を正統としたのであった（ただし、朱熹の場合には彼が生きた南宋という時代の事情もあったとされる。ここでは触れない）。例の小説の『三国志演義』も同じく蜀を正統としている（蜀の初代皇帝の劉備が漢王室の末裔であるということを根拠としている)。この小説『三国志演義』は、もとは街頭での講釈に派生したものだが、都市の子供は、親から小銭をもらって講釈を聞きに行っていた。講釈師が三国の語りをし、劉備が負けた段になると悲しんで泣く子もおり、曹操が負けたというと大喜びして叫ぶ子もいた、という(北宋の文人、蘇東坡《そとうば》のエッセイにある話)。何と、子供ですら蜀をひいきしていたようである。

そうしてみると、陳寿が基づいた基準なるものは必ずしも万人に受け入れられたということにもならない。せめて、その基準が万人に共通ならばそれなりに意義もあろうが、それが著者だけの独善に陥りかねないともなれば、その本はもはや充分な存在意義を持つとは言えなくなる。こうして、叙述と評価とを同時にしてしまうことの欠点は、最終的にはその本そのものの存在意義にまで発展してしまう。これこそ中国の歴史書につきまとう宿命なのであった。

要は、歴史は「理解」と「評価」の二段階からなるものであると、私は考える。「理解」の段階は、過去に起こった歴史的事実について、その間の事情や因果関係などを正しく把握する段階である。「評価」の段階は、「理解」された歴史的事実について、それがいかなる意味を持つものであるかを、よってたつ立場・基準を明らかにした上で論じる段階である。この二つの段階は、「理解」がまず先になされてその後で「評価」がなされる、という順番になるのであり、それ以外はあり得ない。何となれば、「評価」が先で「理解」が後というのは、結局予断を持って過去を見ることであって無意味というほかはなく、そして「理解」と「評価」とが同時になされるならば、それこそ中国の歴史書がおちいった「落とし穴」にほかならない。

既にできあがったものに対して人それぞれに自分の基準で評価をするのは別に自由だし悪いことではないけれども、「初めに評価ありき」で、形式その他も一切それに合わせていくのはむしろ「百害あって一利なし」というほかあるまい。一私人のひそかな著作ならば別に目くじらを立てるほどのこともないけれども、権威が作る大著作がそれでは困る。しかし、これまでに述べたいわゆる「正統論」は、中国の歴史書編纂、あるいは中国人の歴史観に多大の影響を与えた。そればかりではない、中国の影響を受けた東アジアの国々全ての歴史観にも影響を与えている。

正史の成立

中国の歴史書の数はキリがないくらい多い。そうした中、『史記』から『明史《みんし》』まで、それら二十四種の正史は、あくまでも、〝最も権威ある歴史書〟として〝認められた〟ものを指して言うのである。さて、ではいったい誰がその権威を認めたのであるか、ということが問題である。正史は、現代の学者が決めたものではない。それは、歴代の中国王朝の皇帝が決めたものである。例を挙げれば、明（一三六八〜一六四四）王朝のことを記した歴史書である『明史』は、明が滅び、次の清《しん》

（一六四四〜一九一二）王朝の時代となってから編纂事業に着手され、乾隆《けんりゅう》四年（一七三九年）に正史としての勅定《ちょくてい》を時の皇帝乾隆帝から受けている、といった具合である。すなわち、ある王朝のことを記した歴史書として皇帝の公認を得たもの、それが正史である、ということであり、正史の〝正〟は「皇帝のお墨付き。正統」の意味であって、必ずしも「内容に誤りがなく正確」の意味ではない。ある王朝が滅び、次に新しい王朝が成立すると、新王朝は旧王朝の歴史書作りに早速とりかかる。旧王朝のことをまとめてケリをつけておく、そのことが現王朝の正統なることの証しであり、正しい後継者であることのアピールの意味を持つ。そしてできあがったものに対して皇帝が認可を下し、正史の列に加えられることとなるのだ（従って、目下のところ中国史上最後の王朝である清朝については、中国にはもはや皇帝がいなくなった以上、上に述べた意味での正史としては作られることはない）。

こうした事情からして、正史なるものが、はたしてどれほど〝正しく〟物事を記述したものなのか、疑わしい部分があることは容易に想像される。まず、現王朝とその皇帝に関して都合の悪いことが書かれるはずがないことは、容易に察し得る。すなわち、前王朝を倒す際のことについては、前王朝が一方的に悪く、現王朝の創業者が救世主的に描かれる、ということになる。そもそも、王朝・皇帝を上に戴くシステムそのものが疑うべからざる前提となり、そこからはずれる、あるいはそれを否定するような価値観（及びそれを持っていた人物）が許容されるはずがない、という問題もある。加えて、これは紀伝体そのものの持つ限界ではあるが、皇帝・王朝を中心的対象として歴史が描かれ、その当時の社会全体を覆う形での記述がない、つまり、歴史記述の対象が権力の側に極めて偏って限られている、という欠点がある。そうした中から、その時代のことについて、後世の人間は何を知り得るであろうか。さらには、「歴史」についてどのような認識を得られるというのだろうか。疑問があるというべきであろう。

ただし、これは現代に生きる我々の持つ不満である。人間は皆平等であることを前提とし、当然のようにそれを享受している我々の、そして専制支配を必要とせず、むしろ断固として拒否し、民主主義を適切な手段として認める我々の抱く不満である。歴史書それ自身も一つの歴史的産物である以上、その作られた時代の制約を受けるのは全く当然である。そして、それ故に、現代の我々とは異なる価値観によって作られ、我々としては不満の多い過去の歴史書ではあっても、やみくもに非難したりまして無価値と決めつけるなどは誤った行為と言わねばならない。むしろそこからは、当時の世を覆っていた価値観を充分に汲みとることが求められるのである。そしてその価値観に沿って、書かれた内容をしっかりと理解することが求められるのである。

読み物としてのおもしろさ

歴史書は、基本的には歴史的事実を書いたものであって、特に専門家の立場からすると、昔に関する情報がたくさん盛り込まれたものほどありがたい。登場人物に魅力がなくても、ドラマティックな展開がなくても、別にそのことに文句をつけるいわれはない。とはいっても、内容的におもしろく、人の心を打つ文章で書かれていれば、それはそれでよいことである。そうした読み物的魅力と歴史書としての価値は、両立し得るものである。その最もよい例は『史記』である。調べ物のつもりでひもといて、そのままずっと後の関係ない部分まで読んでしまうという経験はよくあることである。『漢書』はそこまでのおもしろみはないけれども、しかしそれでもこの本も魅力的である。『後漢書』と『三国志』も、やはり『史記』ほどではないにしても、それなりに魅力的である。事実よく読まれた本であった。

これら『史記』『漢書』『後漢書』『三国志』の四史には共通点がある。ほぼ一個人によって執筆されたこと、執筆は著者個人の動機でなされたものであること、の二点である。前者の点については、例えば『史記』は司馬談・司馬遷親子によって書かれたものであるけれども、二人の共編というわけではなく、全体は司馬遷の目によって統一されているから、司馬遷で代表させて個人の著作と言っても不当ではない。『漢書』も同様である。また、後者については、『漢書』や『三国志』

が、のちには王朝側からのお墨付きをもらったとは言え、書かれた当初は著者の個人的な著作であったことは前述の通りである（何しろ班固はその件で逮捕されたくらいであった）。つまり、これら四史は、自ら強い執筆動機を持った人物による、個人的著作として完成したものという共通点を持つものである。こうした個人（ないしある一家）によって書かれた歴史書のことを私撰と言う。一方、多くの人物によって編集された歴史書のことは、たいがいそれは王朝側によって任命された多くの史官によって編集が行われたため、官修と呼んでいる。

中国歴代正史（二十四史）

	書名	巻数	著者（時代・生没年）	成立年
1	『史記』	一三〇巻	司馬遷（前漢　前一四五?～前八六?）	前九〇年頃まではほぼ完成
2	『漢書』	一〇〇巻	班固（後漢　三二～九二）	八二年頃までに完成
3	『後漢書』	一二〇巻	范曄（南朝宋　三九八～四四五）	四四五年までに成立
4	『三国志』	六五巻	陳寿（晋　二三三～二九七）	二九七年以前に成立
5	『晋書』	一三〇巻	房玄齢（唐　五七八～六四八）ほか	六四八年に完成
6	『宋書』	一〇〇巻	沈約（梁　四四一～五一三）	四八八年に紀伝が、五〇二年以降に志が完成
7	『南斉書』	五九巻	蕭子顕（梁　四八九～五三七）	五三七年以前に成立
8	『梁書』	五六巻	姚思廉（唐　五五七～六三七）ほか	六三六年に完成
9	『陳書』	三六巻	姚思廉（唐　五五七～六三七）ほか	六三六年に完成

10	『魏書』	一一四巻	魏収（北斉　五〇五〜五七二）ほか	五五四年に完成
11	『北斉書』	五〇巻	李百薬（唐　五六五〜六四八）ほか	六三六年に完成
12	『周書』	五〇巻	令狐徳棻（唐　五八三〜六六六）ほか	六三六年に完成
13	『隋書』	八五巻	長孫無忌（唐　?〜六五九）	六三六年に紀伝が、六五六年に志が完成
14	『南史』	八〇巻	李延寿（唐　?〜?）ほか	六五九年に完成
15	『北史』	一〇〇巻	李延寿（唐　?〜?）ほか	六五九年に完成
16	『旧唐書』	二〇〇巻	劉昫（後晋　八八八〜九四七）が上進	九四五年に完成
17	『新唐書』	二二五巻	欧陽修（宋　一〇〇七〜一〇七二）ほか	一〇六〇年に完成
18	『旧五代史』	一五〇巻	薛居正（宋　九一二〜九八一）ほか	九七四年に完成
19	『新五代史』	七四巻	欧陽修（宋　一〇〇七〜一〇七二）	一〇五三年にはほぼ完成
20	『宋史』	四九六巻	脱脱（元　一三一四〜一三五五）ほか	一三四五年に完成
21	『遼史』	一一六巻	脱脱（元　一三一四〜一三五五）ほか	一三四四年に完成
22	『金史』	一三五巻	脱脱（元　一三一四〜一三五五）ほか	一三四三年に完成
23	『元史』	二一〇巻	宋濂（元末明初　一三一〇〜一三八一）ほか	一三七〇年に完成
23′	『新元史』	二五七巻	柯劭忞（清〜民国　一八五〇〜一九三三）	民国初年には完成
24	『明史』	三三二巻	張廷玉（清　一六七二〜一七五五）ほか	一七三九年に完成

※著者は、複数にわたる場合は代表者のみを掲げた。また、著者には編者・編集代表者・最終的に皇帝に献じた際の名目上の人、も含む

※※『後漢書』については、范曄の『後漢書』九〇巻に、司馬彪『続漢書』の志三〇巻を後世加えた形のものが通行しているので、その数字で掲げておいた

※※※23′の『新元史』は、厳密な意味では二十四史に含まれないが、これも数えることが珍しくないので、参考までに入れておく

現在よく使う、北京、中華書局の出版になる二十四史。現代の印刷・出版技術をもって要領よく製本してもこれだけの分量になる。中国哲学の泰斗、武内義雄博士をしても「これを読破することは不可能である」（『中国哲学史』岩波全書）と言わしめた、圧倒的なヴォリュームである。

私撰と官修、それぞれにメリットがある。私撰は、それが個人で書かれたものであるため、一貫した歴史観による統一的叙述が可能である。一つの世界観を提供する歴史書としては、これは大変重要なことである。かたや、官修の方は、たとえ事前にどれほど基本方針を定め、後から文章を手直ししようとも、大勢の手が入っているために、どうしても往々にして一貫性を欠き、叙述の統一性が不充分になる恐れがある。内藤湖南氏は、唐以後の官修の歴史書について、「単なる編纂物に過ぎずして、著述とは言い難いものとなった。」（『支那史学史』）と述べている。一方、個人の能力には限界があるから、基づく原資料の量が多い場合や取り扱われる内容の量が多い場合には、やはり大勢の手が必要となる。時代が新しくなるにつれ、情報量が増大してゆくので、正史の作られ方は、いきおいどうしても官修に傾いてゆく。表においても、5の『晋書』以降は、ほとんどが官修である（少なくとも、編纂に王朝と何らかのつながりがある）。王朝が史館を設け、日々記録を蓄積し、歴史書編纂に向けての万全な準備を整えるのは、唐代には完全に制度として確立した。唐の貞観年間（六二七〜六四九）中、時の皇帝太宗によって梁・陳・北斉・北周・隋の歴史書編纂が命じられ、多くの者が分担してそれに当たり、そうして作られた歴史書が現在にまで伝わっている。われわれが現在でも見ることができるものが、唐代に編纂された『晋書』や『梁書』などなのである。

官修が増えていくことには、別な事情もあろう。本紀を書こうと思えば、当然、皇帝の日常の言動について詳細に書かれた資料を見なければならない。そうした資料（『起居注』という）は、民間人では見ることはできない。朝廷に仕える者であっても、やはりそれはめったに見ることはできない（なぜ見るのか、が問題とされよう）。正史の書き方によって歴史書を書こうとするなら、個人の動機では充分なものはなし得ず、それはもはや朝廷の史官にしかできないことになるのである。

こうして編纂された各王朝についての歴史書は、積み重ねられて二十四史として我々の前に存在する。まことに大変な分量である。全巻読み通すことは、それはそれは大変な作業である。全ページを繰ってみるだけでも、骨の折れる仕事である。

第4章

記録する側の論理

1　歴代創業皇帝の異常な出生に関する話

劉邦の出生秘話

中国の歴史書は、それが正史という形で定着してからは、皇帝や王朝、要は権力者に奉仕するものとして存在し続けた。したがって、権力者が作るものであるから当然と言えば当然ではあるけれども、自分たちにとって都合の悪いことをごまかす、といったようなささいな事にとどまらず、当時の政治権力の在り方を示すようなある種の作為が、その中には強く現れる。ここではその典型的な例として、歴代皇帝の出生にまつわる不思議な話を取り上げたい。

世界を治める最高の存在としての皇帝は、当然ただの人間であってはならない。それは、皇帝として即位した後だけではなく、生まれた時からそうでなければならない。あるいは極端には身ごもったときから普通であってはならない。誕生にまつわる時から既に一般人とは違う、人の上に立つべき素質・資格が備わっていたのだ、という記述が、中国皇帝については歴史書中によく見られる。特に、乱世をまとめ、王朝を築き上げた創業の皇帝についてはそれが典型的に現れるのである。

具体的な例を見よう。歴代正史の最初、司馬遷の『史記』から、前漢の高祖劉邦の出生についての記述を次に掲げる。

> 高祖は、沛《はい》の豊邑《ほうゆう》中陽里の人、姓は劉氏、字《あざな》は季。父は太公《たいこう》と曰《い》い、母は劉媼《りゅうおう》と曰う。其の先だつや、劉媼、嘗《かつ》て大沢の陂《ひ》に息《いこ》い、夢に神と遭ふ。是の時雷電晦瞑《かいめい》す。太公、往《ゆ》きて視るに、則《すなは》ち蛟龍《こうりゅう》を其《そ》の上に視る。すでにして身ごもることありて、遂に高祖を産む。
> 高祖の人たるや、隆準《りゅうせつ》にして龍顔《りゅうがん》、美なる須髯《しゅぜん》あり、左股に七十二の黒子あり。仁にして人を愛し、施すを喜び、意は豁如《かつじょ》たり。常に大度《たいど》ありて、家人の生産作業を事とせず。壮なるに及び、試されて吏となり、泗水《しすい》の亭長となり、廷中の吏、狎侮《こうぶ》せざる所なし。酒及び色を好む。常に王媼《おうおう》・武負《ぶふ》に従ひて酒を貰い酔いて臥せるに、武負・王媼、其の上に常に龍あるを見、これを怪しむ。高祖、毎《つね》に酤《か》いて留飲せば、酒讎《しゅしゅう》数倍す。怪を見るに及び、歳竟《をは》れば、此の両家常に券を折り責を弃《す》つ。
>
> 『史記』高祖本紀

右に掲げたのは、劉邦についての伝記である高祖本紀の冒頭部分である。彼についての若干のデータを記した後、その出生に先立っての不思議が語られている。すなわち、劉邦の母劉媼が大沢の堤で休んで寝入った時、夢の中で神人に会う。その際、あたりは暗くなって稲妻が走り、劉邦の父の太公は、劉媼の上に蛟龍がいるのを目撃したというのである。こうした不思議な出来事の後、劉媼は身ごもって劉邦を生む。このいわゆる感生説話そのものは特別奇異なものではなく、ごくありふれたパターンの話と言ってよいであろう。そしてまた、いかにも真実味の薄い、後から作った話であろうとは、誰にも容易に察しがつく。しかし、この出生に関する話に何の意味もないかと言えば、それは決してそうではない。高祖本紀の文をよくよく見るならば、この話が挿入されていること自体に大きな意味があることが明らかになるはずである。

右に掲げた部分は、高祖本紀の冒頭であり、ここまでのところ、一切省略していない。昔から指摘されているように、ここには劉邦について彼の名が「邦」であるということが記されていない。字《あざな》についてては「季」であると記しながら、肝腎の名についてては触れていないのである。また、実はその字の「季」にしても、長幼の序を示す伯仲叔季の最後の「季」によるものであろうから、字らしい字とも言えない。つまり、劉邦というこの人物について、その名前という基本データに関し、『史記』は不充分な情報しか提供していないのである。さらに、彼の両親についても同様である。

右の高祖本紀では、劉邦の父は太公、母は劉媼であるという。従来の指摘どおり、これらは名前とは言えないものであって、例えば、太公は「お祖父さん」「お父さん」「おじさん」を指す一般名詞である。また、母親の方についても、劉媼とは「劉家のおばあさん」の意味であり、彼女の名前では絶対にない。そもそも、息子が劉邦で劉姓を名乗り、それは父方の姓に決まっているから、いわゆる「同姓不婚」原則から言えば母親が劉姓であるわけがなく、要は実家の姓もわからないということである。つまり、父親も母親も名前がわからないのである。そして、劉邦自身についても、『史記』の右の文にはその名が「劉邦」であるとは書かれていないのである。このように、個人情報に極めて問題があると言わねばならない『史記』高祖本紀の文ではあるが、先に述べたように、劉邦の出生にかかわる不思議な話は残されているのである。さらに、彼が飲み屋に行ったおりのこれも不思議な話や、彼の左股に七二個のホクロがある（七二は中国における聖数）という記述も忘れられていないのである。

劉邦像（歴代古人像賛）

高祖劉邦が農民の出身であることは、実は誰でもが知っていたことに相違ない。秦が滅び、その後、秦に滅ぼされた六国の末裔を立てて多くの反乱が起こった。劉邦はどこの国の末裔でもない。そんなことは周知であった。しかし、その彼が、再び国を統一し漢王朝を立てるという大偉業を成し遂げたのであった。もちろん、多くの人材を引き付けるに足る彼の人間的魅力、それらの人材をうまく使いこなした彼の器量、といった純粋に人間的な要素は重要である。しかし、劉邦の偉大さは、彼の人間的魅力や器量だけでは説明しきれない。人間的要素を超えた、もっと大きな力、神秘的な要素が彼を創業の君主としたのであり、それについて言及することが劉邦をめぐる説明としてはどうしても必要なのである。それゆえに、素性も明らかでない男に不思議な出生譚が残されているのだ。こうした記述が『史記』にあるのは、何も高祖本紀を書いた司馬遷が必要としたからだというのではあるまい。それは、前漢成立の初めから求められたに相違ない。いや、意識としてはずっと古くからあったものに相違ない。

語られ続ける「神話」

乱世を収め、新たな王朝を立てた人物については、その偉大さ・非凡さを表すため、こうした〝神話〟がどうしても必要である。そこで、こうした話が伝記の冒頭を飾るのは通例となっていくのである。しかし、それは必ずしも、劉邦の場合のような異常出生譚に限らない。後漢の初代光武帝劉秀《りゅうしゅう》については、『後漢書』に次のようにある。

世祖光武帝は、諱《いみな》は秀、字《あざな》は文叔《ぶんしゅく》、南陽蔡陽《さいよう》の人、高祖九世の孫なり。……身長七尺三寸、美なる須眉《しゅび》あり、大口にして隆準、日角《にっかく》あり。『後漢書』光武帝紀

この場合には、異常出生譚はない。その代わり、劉秀の風貌が人並み優れ、高貴な相を備えていたことを言い、それによって暗に彼の持つ天賦の神秘性を表している。彼の場合には、「高祖九世の孫なり」と言い、高祖劉邦の威光によってその尊貴さを主張し得るということもあろう。しかし、それだけの理由にとどまらず、劉邦の場合のような現実離れのした要素は少ない、と言うべきであろう。

こうした神秘路線・現実路線ということについて興味深いのは、『三国志』の例である。三国それぞれの創業の君主について、次のように記している。

魏の武帝（曹操）

太祖武皇帝は、沛国譙《しょう》の人なり。姓は曹、諱は操、字は孟徳《もうとく》。……太祖、わかくして機警、権数あり、而《しか》して任俠放蕩《にんきょうほうとう》し、行業治まらず。ゆえに世の人、未《いま》だこれを奇となさず。

『三国志』魏書・武帝紀

蜀の昭烈帝（劉備）

先主は姓は劉、諱は備、字は玄徳《げんとく》。涿《たく》郡涿県の人なり。……舎（家屋）の東南角の籬上《りじょう》に桑の樹の生ずるありて高さ五丈余りなり。遥かに望み見れば童童として小さき車の蓋《がい》の如し。往来する者皆この樹木の非凡なるを怪しみ、或《あ》るいはまさに貴人を出《いだ》さんと曰えり。

『三国志』蜀書・先主伝

呉の大帝（孫権）

孫権は字は仲謀《ちゅうぼう》。……計貌奇偉《けいぼうきい》にして骨体恒《つね》ならず、大貴の表あり。『三国志』呉書・呉主伝

第3章で述べたように、三国について陳寿《ちんじゅ》は平等には扱わず、魏を唯一正統な王朝と認めて、そこにだけ本紀を設けた。他の蜀・呉の二国については皇帝号を僣称《せんしょう》したものとし、ただし、蜀に

ついては呉よりも扱いのうえで優遇している。しかし、そうしたあたりの事情は、右の記述には何も反映していない。三国で最も下位に扱われている呉の孫権については、その身体がいかにも普通でないことは言うものの、別に異常な出生譚はない。劉備については、家の横に不思議な樹のあったことは言うが、劉備自身については特に何もない。まして、曹操については異常出生譚も、身体の異常な特徴も、ほかの不思議な話も全く何もない。右には掲げなかったが、実際に後漢の帝位を奪った曹丕《そうひ》についても、『三国志』には特別異常を記してはいない。『三国志』は、どうやらすこぶる現実路線であるらしい。小説の『三国志演義』によると、曹操は、劉備ら他のヒーローたちが背の高い偉丈夫であった（関羽《かんう》に至っては約二メートルの巨漢である）のに比して、身長一六〇センチ前後とだいぶ見劣りすることになっている。曹操が意外に背が低かったというのは本当らしく、『魏氏春秋』という本にも、曹操について「姿貌《しぼう》は短小、而《しか》して神明英発なり。」とある（『世説新語《せせつしんご》』容止篇注に引く）。陳寿は『三国志』において、曹操・劉備・孫権ら創業の君主の身体的特徴について意識的に述べなかった、とするのも、あるいは理由のあることとも思える（井波律子『三国志演義』岩波新書）。しかし、あるいはそれは、結局この時代は中国が分裂していて彼らは統一王朝の主ではなかった、ということも関係あるかもしれない。それならば、さほどの神秘性は要らない。

三国を統一した晋の武帝（司馬炎《しばえん》）については次のようにある。

武皇帝諱《いみな》は炎、字は安世《あんせい》、文帝の長子なり。……将《まさ》に世子を立てんことを議するに……、何曾《かそう》ら固く争いて曰く、「中撫軍（＝司馬炎）は聡明神武にして超世の才あり。髪は地に委ね、手は膝を過ぐ、此《こ》れ人臣の相にあらざるなり。」と。是《これ》に由りて遂に定む。『晋書』武帝紀

司馬炎については、「髪は長くて地面に着くほど、手は長くて膝を過ぎる」ので「人臣の相ではない」とあるのが、彼の非凡さを示すせめてものところであろう。これは別に神秘でもなんでもないようにも見えるし、それを理由に彼が世継ぎに選ばれたというのもさっぱり理解できないところではある。それでも、これらは彼が常人とは違うという面をやはり表すものではあることは確かであり、神秘路線というよりも現実路線の表れ方と受け取っておくこととしよう。

恐怖の乳幼児

以上の三国～晋は現実路線が強いのに対し、一方の神秘路線も消えてしまったわけではない。消えるどころか、以後はこれが主流となる。まず、これもまだ中国が分裂している南北朝期の北魏の

太祖道武帝について見てみよう。

太祖道武皇帝、諱は珪《けい》、……母を献明賀《けんみょうが》皇后という。始め遷徙《せんし》により、雲沢《うんたく》に遊ぶ。既にして寝息《しんそく》し、日の室内に出ずるを夢みる。寤《さ》めては光のまどより天に属するを見る。たちまち感ずることあり。建国三十四年七月七日をもって太祖を参合陂《さんごうひ》の北に生む。其の夜、また光明あり。……保者《ほしゃ》、帝の体の常児に重ねて倍するをもって、窃《ひそ》かに独り奇怪とせり。弱にして能《よ》く言い、目に光曜あり、広きひたいに大なる耳、衆皆これを異とせり。

『魏書』太祖紀

北魏は漢民族の建てた王朝ではない。鮮卑《せんぴ》族の拓跋《たくばつ》氏によって建てられた異民族王朝である。道武帝が生まれるにあたり、その母は不思議な夢を見、そして生まれた道武帝には身体的に異常が見られた、という。体は通常の幼児の二倍ほどにも大きく、早くからものを言い、目には特別な光があり、額は広く、耳は大きかったという。誕生にまつわるこうした神秘性・異常性が、何ゆえにわざわざ歴史書の中に書かれたのかといえば、それはもちろん、彼がただの人間ではないことを主張するためにほかならない。要は、彼が皇帝であることの正当性を裏付ける要素としての意味を持たされているのである。

ほぼ同時期、中国の南側に次々に興った南朝の各創業者についても見てみよう。但し、最初の宋についてだけは特別なにもないので省略し、斉・梁《りょう》・陳の例を挙げる。

斉・太祖（蕭道成《しょうどうせい》）

太祖高皇帝、諱は道成、字は紹伯《しょうはく》。……太祖、元嘉《げんか》四年丁卯《ていぼう》の歳を以って生まる。姿表英《しひょうえい》異《い》、龍のひたいにして鐘声、鱗文《りんもん》体に遍《あまね》し。

『南斉書』高帝紀

梁・武帝（蕭衍《しょうえん》）

高祖武皇帝、諱は衍、字は叔達《しゅくたつ》。……高祖、宋の孝武大明《こうぶたいめい》八年甲辰《こうしん》の歳を以って、秣陵《まつりょう》県同夏《どうか》里三橋宅《さんきょうたく》に生まる。生まれて奇異あり。両骸駢骨《りょうがいへんこつ》、頂上隆起、文（字）の右手に在りて「武」と曰えるあり。

『梁書』武帝紀

陳・高祖（陳覇先《ちんはせん》）

高祖武皇帝、諱は覇先、字は興国《こうこく》。……高祖、梁の天監《てんかん》二年癸未《きび》の歳を以って生まる。……身長七尺五寸、日角龍顔、手を垂らせば膝を過ぐ。

『陳書』高祖紀

斉の太祖、蕭道成の「鱗文体に遍し」の場合のように、不思議というよりむしろ不気味なものもある（さらにもっと不気味なものは後に触れる隋《ずい》の文帝の例である）とはいえ、何らかの形で彼らが常人とは違っているのだというところを出そうとしているのはよくわかる。注意してみると、皇帝の象徴である「龍」を彷彿《ほうふつ》とさせるような「相」が入れられる、という傾向があることがわかる。実際に皇帝になった後で創作された話であることは、疑いがない。しらじらしさはいやがうえにも高まる、といったところであろう。その究極が、次に掲げる隋の文帝、楊堅《ようけん》の例である。

高祖文皇帝、姓は楊氏、諱は堅、弘農《こうのう》郡華陰《かいん》の人なり。……皇妣《こうひ》呂氏は、大統七年六月癸《き》丑《ちゅう》の夜を以って、高祖を馮翊《ひょうよく》般若寺において生む。紫の気、庭に充《み》つ。尼あり。河東より来たる。皇妣に謂《い》いて曰く、此の児は従来するところ甚《はなは》だ異なりて、俗間に此を処《お》くべからず、と。尼、高祖を別館におき、躬《み》自ら撫《ぶ》養《よう》す。皇妣、嘗《かつ》て高祖を抱くに、忽《たちま》ち頭上に角の出て、あまねく体に鱗の起こるを見ゆ。皇妣、大いに駭《おどろ》き、高祖を地に墜《お》とせり。尼、外より入りて見て曰く、已《すで》にして我が児に驚くや。晩《おそ》くにては天下を得るにいたらん、と。人たるや龍顔、額上に五柱の入頂あり、目の光は外射し、文、手に在りて「王」と曰うあり。『隋書』高祖紀楊堅が生まれた時、その庭中に紫の気が満ちたこと、のち、母の呂氏が乳幼児の楊堅を抱こうとすると、突然、彼の頭に角が生え全身に鱗が生じて呂氏が大いに驚いた、といった話が載せられている。角や鱗はもちろん「龍の相」を言いたいのであろうけれども、あまりに荒唐無稽な話であって、なんだか馬鹿馬鹿しい。手のひらに「王」の字があったとかも含め、創作された話であることは言うまでもない。仮にもしこれらが実際の話であったとしても、後に皇帝になったから意味を持とうが、そんなことがわかる以前には、楊堅は単に「気持ちの悪い子供」というだけで捨てられてしまっても仕方がないくらいである。

異常出生譚の意味

これまで見たところによっても充分明らかなように、作り話であることが明らかであるにもかかわらず、王朝の創業者の非凡さ・神秘性を主張するこの手の話は、多くの歴史書中に挿入されている。しかも、下種な表現をすれば、創業者が「馬の骨」であればあるほど話の異常さのスケールが上がる、という傾向もあるようである。偉大な人は生まれた時から人とは違う、違っていなければならない、というある種の信念が、こうした所にとても強く現れているのである。それは、支配する側にとってだけの問題ではない。実は、支配される側にとっても重大な問題である。現在自分たちを支配している権威・権力のいったいどこにその正当（正統）性があるのかということについて、充分に納得させてくれるものがなければならない。人知を超えたものがもしそこにあるとしたら、それに従うことは、当時にあっては充分合理的なのである。その意味で、こうした神秘性は、支配する側・支配される側双方にとって必要なものであった。とはいえ、どちらかと言えば、支配する側にとってこそ重要であったはずである。そのことを、十世紀に成立した宋王朝の例によって見よう。

宋王朝は、九六〇年に趙匡胤《ちょうきょういん》によって建てられた王朝である。はじめ開封《かいほう》を都として栄え、それが北方の金《きん》によって一度滅ぼされ、南の杭州を都として再び繁栄する。前の方を北宋、後の方のを南宋と呼ぶ。この両者を合わせての歴史は『宋史』という歴史書に記されており、それを見ると、宋王朝では、北宋の三人の皇帝について異常出生譚が記されている。まず、それらを見てみよう。

太祖（趙匡胤）

太祖、……宣祖《せんそ》の仲子なり。母は杜《と》氏。後唐《こうとう》の天成二年、洛陽の夾馬宮《きょうばきゅう》において生まる。赤光、室を繞《めぐ》り、異香は経宿《けいしゅく》散らず。体に金色あり、三日変わらざるなり。

『宋史』太祖紀

太宗（趙匡義《ちょうきょうぎ》）

太宗、宣祖の第三子なり。母を昭憲《しょうけん》皇后杜氏と曰う。初め、后、神人の、日を捧げて以って［后に］授けるを夢み、已《すで》に娠《はら》めることありて、遂に帝を浚儀《しゅんぎ》官舎において生む。この夜、赤光の上騰《じょうとう》すること火の如く、閭巷《りょこう》に異香あるを聞く。

『宋史』太宗紀

真宗（趙恒《ちょうこう》）

真宗、……后、裾を以って日を承けるを夢みて娠めることありて、十二月二日に開封府第にて生む。赤光、室を照らし、左足指に文（字）ありて「天」の字を成せり。

『宋史』真宗紀

太祖趙匡胤については、彼が生まれた時に光が部屋をめぐり、よい香りが漂い、また体が金色であったという。太宗趙匡義と真宗趙恒については、その身ごもる際から既に不思議な出来事があり、いずれも母親が太陽を我が身に取り込む夢を見て妊娠している。生まれた後に光や火が生じたというのも共通する。この三人は実は北宋の最初の三代の皇帝であり、太祖は初代、太宗は第二代、真宗は第三代の皇帝である。また、太祖と太宗は兄弟（太祖が兄）で、真宗は弟の太宗の子である（太祖からは甥に当たる）。通常であれば、創業の君主についてのみ必要であろう記述が、北宋については三人について残されているのである。しかも、あらためて、右の文を見てみると、第二代太宗と第三代真宗については、身ごもる際から不思議があるのに対し、初代太祖についてはそれはない、つまり、本来創業の英雄であるはずの太祖趙匡胤についてよりも、二代目・三代目についてのほうが、より周到な異常出生譚が残されていることに気づくのである。いったいこれはどうしたわけであろうか。

この理由を考えるには、先に述べたような血縁関係と即位の順とに注意する必要がある。すなわち、宋王朝においては、初代趙匡胤のあと、二代目としては、彼の子供ではなく、弟の趙匡義が即位し、さらに三代目についても兄趙匡胤の子孫の方へ戻ることなく、弟趙匡義の子の趙恒が即位し、その後はずっとこの弟側の子孫に代々受け継がれてゆく、という状況があるのである（兄の系統が帝位に即くのは南宋に入ってからのことである）。中国の伝統王朝の帝位継承の方法から言えば、親から子へ、というのが大体の原則であり、この場合はそれからかなり逸脱している。その逸脱をいかに正当化するか、ということが右に掲げた異常出生譚が必要とされた理由であると考えられる。太祖趙匡胤からなぜその子へ帝位は継承されなかったのか、それは弟趙匡義こそが生まれた時から非凡にして神秘を備えた人物であったからである。太宗の没後、なぜ帝位は兄太祖の系統へ戻らなかったのか、それは弟太宗の子の趙恒が生まれた時から非凡にして神秘を備えた人物であったからである。このような、人知を超えた何物かをもっていたからこそ、通常の方法から外れた帝位継承が行われたのだ、という説明が、この皇位継承の合理性・正当性の主張のために求められた、と考えるのが最も実状に合っているのではなかろうか。それゆえに、他の王朝の場合とは違い、宋王朝では三代目まで異常出生譚が残っているのである。この兄弟による帝位継承は、やはり人々に不審の念を抱かせ、甚だしくは弟太宗による兄太祖殺害説もささやかれたほどである。

なお、『宋史』は元の時代、すなわちモンゴル人が中国を治めた時代に編纂されたものである。こうした異常出生譚をなぜモンゴル人が歴史書の中に入れたのか、宋の皇室のためにこんな話を入れる義理がモンゴル人の側に何かあったのか、という疑問があるかもしれない。しかし、この点についてては実は格別深い理由はあるまい。王朝の成立とともに歴史編纂のセクションが設けられる習慣は、宋代には完全に定着し、各皇帝ごとに『実録』がまとめられ、『宋史』はそうしたすでに出来上がっていた編纂ものを利用したに過ぎない。『宋史』は歴代正史の中で最も分量が多い書であるけれども、完成にはたった三年しかかかっていないのも、そういう理由である。中国の史書の伝統に従ってできたもの、ということである。

人間を越えたスーパースター

実際には、皇帝の即位に際し、その人物が人格・能力の面からふさわしいかどうかが事前にはかられているはずで、その意味では人知によって物事は動いてきたに相違ない。もっと悪い場合には、幼弱な皇帝を傀儡《かいらい》として自らが実権を握ろうとし、当人の出来不出来などもはや関係なく皇帝が選ばれたこともあろうが、それも要は人間の（まさに人間的な）意志判断の結果である。しかし、伝統中国においては、そうした人間の判断がそれ自身いかに正しかろうと、あるいは人間の努力といったものがいかに貴かろうと、それらの価値は認めるにせよ、それだけでは不充分であったのだ。世界の頂点である中国皇帝は、「究極の人間」であってもそれだけではだめで、その上にさらに人間を越えたある特別な力が働いていなければならなかった。その力こそ、万民を納得させ得るものであった。そのために、どうしても必要だった神話が、ここまで見てきたような「異常出生譚」であったわけである。

民の立場からは、皇帝について次々と疑問がわく。なぜあの人に支配されねばならないのか。なぜあの人は貴くて自分は卑しいのか。自分は悲惨な生活状況なのに、なぜあの人は豊かに不自由なく暮らしていてよいのか、と。答えはこうなる。それは、あの人は、人間を越えた存在であり、人間を越えた「天」から命を受けた人であるからである、と。実際には武力によって人を威圧しながら支配しているのだとしても、それでは安定した支配は維持できない。最高に賢いというのでは、頂点に立つには足りない。もっと賢い人も出るかもしれないし、だいたい全国民で比べるわけにもいかない。人徳に優れているとかいっても、これも同様に比べるわけにもいかない。そもそも賢さや人徳では、親から子へと世襲していく理由が生じてこない。そうした人間的な特性に支配の根拠はない。人間を越えた論理を持つからこそ、その人に無条件に従わねばならない理由が生じるのである。生まれた時から、あるいは生まれる前から、さまざまな神秘が現れ、その人の存在の尋常ならざることが明らかであった、ということで、すべては合理化されるのである。

福沢諭吉の指摘

右に述べたようなことは、別段目新しいことがらではない。特に、近代の合理主義に触れれば全く当たり前のこととして感じられ、過去、いかに迷信の類で人は惑わされてきたかの典型例として指摘されることとなる。

これを指摘したサンプルの一つとして、福沢諭吉の『文明論之概略』の一節を紹介しよう。その巻之二、第四章、一国人民の智徳を論ず、において、豊臣秀吉の例を出して、福沢は次のように論じる。人には変化がつきものである。初めから万事が定まっているということはない。秀吉が、主人の金六両を持って出奔した時、天下をすべて我が物とせんとする志があったであろうか。出世してのし上がって行く際、その時その時の地位に応じた志があったに相違ない。幼い時から大志があったとか言うのは、勘違いも甚だしい。

世の正史と称する書中に、豊太閤《ほうたいこう》の母は太陽の懐《ふところ》に入るを夢みて妊娠し、後醍醐《ごだいご》帝は南木《なんぼく》の夢に感じて楠《くすのき》氏を得たりと云ひ、又漢の高祖は竜の瑞《ずい》を得て生れ其《その》顔竜に似たりと云ふ。此《この》類の虚誕妄説《きょたんもうせつ》を計れば和漢の史中枚挙に遑《いとま》あらず。世の学者は此妄説を唱《となへ》て啻《ただ》に他人を誑《たぶら》かすのみならず、己も亦《また》これに惑溺《わくでき》して自から信ずるものの如し。気の毒千万なりと云ふ可《べ》し。必竟古《いにしへ》を慕ふの痼疾《こしつ》よりして妄《みだり》に古人を尊崇し、其《その》人物の死後より遥に其事業を見て之《これ》を奇にし、今人《きんじん》の耳目を驚かして及ぶ可からざるものの如くせんがために、牽強付会の説を作りたるのみ。これを売卜者《ばいぼくしゃ》流の妄言と云《いひ》て可なり。

『文明論之概略』（岩波文庫版、七一頁）

以上が福沢の説である。王者にまつわるさまざまなる不思議な話は、日本にもある。秀吉については異常出生譚があるらしい。後醍醐天皇についても夢によって忠義の士を得たとの話があるらしい（これは何かワーグナーの『ローエングリン』のエルザの夢を想起させる）。こうした話が信ずるに足りないものであることを見抜き、このように福沢は一刀両断、こじつけとして退けるのである。まことにごもっとも、と言うほかない。

福沢の『文明論之概略』という書物の趣旨からは、これで済ませて結構であろう。しかし、右において私が述べたように、こうした神話がなぜ必要とされたのか、ということこそ、やはり論じねばならない。こうした神話を求めた価値観・世界観、それを理解し、批判を加えない限り、真の意味でそれを乗り越えたことにはならない。異常出生譚に代わる他のものが、同じ位置に座るだけだからである。

人の叡知とその価値

以上述べてきたような帝王をめぐる異常出生譚に関わることとは、人間の精神のあり方の問題として考えてみる必要がある。人間の努力、人間の叡知、それらはまさしく貴重であり、それらの蓄積こそが人間の歴史を築いて来た最大の力である。だから、それらの価値は確かであり、そのことは昔の人もわかっていたに相違ない。また、日々の生活、価値判断は「合理的」を旨としていたに相違ない。つまらぬことで損をしないように、少しでも多くの利益を得るように、目的に即して効率的に生活の様式はできあがっていたであろう。決して理不尽な、思いつきに満ちた行動ばかりしていたのではあるまい。

にもかかわらず、ことが大きくなって、支配・被支配に話が及ぶと、合理的な、人間の、人間としての営みだけでは、人を従わせることもできず、人に従うわけにもいかないのである。権力あるいは権威の由来が、常に下からのものではなかったという中国の政治状況が、あるいはこうしたメンタリティを生み出したのかもしれない。しかし、ことは中国に限ったものでもなく、日本においても、そして過去に止まらず現在においても通用するのではあるまいか。委員を選ぶとか長を選ぶとかいう時、推薦とか選挙とかの人間の意志による選出方法だと、自分を推薦した人を恨んだり、選出されたあとで辞退したりと、結果に対して潔く服することを拒否する場合もある。ところが、ジャンケンとかアミダくじとかだと、結果が不満であったとしても甘受するといったことは、学生時代とかに経験がありはしないだろうか。この例で言えば、人の行いはそれが人の行いであるが故にむしろ権威を持ち得ないのである。くじのような、結果を人知では左右できないものであるからこそ、平等感があり、不平を言う根拠が生じないのである。したがって、かつて人々の上に絶対者としての「天」が措定され、その持つ権威が人々の脳裏に牢固にあった時代には、「天」とのつながりが無条件に人々をひれ伏させる働きを持ったのであった。

右に述べて来たような異常出生譚が歴史書に載っていることを、歴史の捏造として説明すべきではない。これは、すぐれて現実的な政治の問題である。支配の合理性の根拠はどこにあるのか、その問題である。付言しておけば、こうした話を必要としたのは歴史家ではない。歴史書を作る主体としての権力こそが、こうした神話を必要としたのだ。そしてこの神話は、政治がある限り必ずつきまとう。政治を行う者が自信をなくした時に、特に出現しやすくなるものである。

2 「反乱者」をどう見るか

反乱の中国史

中国の歴史は、皇帝や王朝の歴史でもあれば、それらに逆らう反乱者の歴史でもある。前節で見たような王朝の創業の君主は、実のところは最初は反乱者であった者が少なくない。劉邦《りゅうほう》や明《みん》の朱元璋《しゅげんしょう》（洪武帝《こうぶてい》）などは、その典型であろう。彼らはたまたま完全な勝利者として皇帝になったが故に、当初の反乱者の部分は幸い不問に付され、むしろその創業者としての労苦が前面に出され、申し分のない英雄に描かれている。しかし、そうした成功者ではなく、たとえ一時期大きな勢力を持とうとも最終的に鎮圧されてしまったような反乱者は、徹底的に悪い扱いを受ける。一つは秩序を乱す不心得者として、一つは自ら身を滅ぼした愚者の見本として、という主に二つの理由で彼らの存在は卑しめられ、歴史書こそが、まさにその宣伝のような役割を果たしている。皇帝あるいは王朝は、単なる政治担当者、政権というに過ぎない存在ではない。それは世界の価値の源泉であり、また価値そのものでもある。そしてそれはまた社会の秩序にもリンクしている。それらに逆らうというのは、当時にあってはよほど大変なことであったに相違ない。そして、たとえ、悪政によってやむなく追い込まれたにせよ、歴史書においては、原因である悪政の方は責められることなく、結局非難されるのは専ら反乱者の方であるのだ。それは、本質的に、中国の歴史書が、権力に奉仕するものであったからにほかならない。

そうしたことは、一般的に考えてもおおよそ察しがつくであろうから、特に縷説《るせつ》の要はあるまい。ここでは、反乱者に対する評価ということについて、一つ極端な例を見ておこう。それは、同じ時代を扱った歴史書が二種あり、それらの中で同じ人物が全く対照的な評価を以て書かれている例である。歴史書において、価値観・評価が前面に出る（出過ぎる）、ということが、具体的にはどのような形の記述として表れるのかを確認したい。ただ、実質的な内容に踏み込んでいる暇はないので、ごく表面的な部分にとどめることを、あらかじめ断っておく。ここで取り上げる歴史書は『清史稿《しんしこう》』と『清史』であり、取り上げる人物は洪秀全《こうしゅうぜん》である。

洪秀全と『清史稿』

洪秀全は、十九世紀半ばに起きた太平天国の乱の指導者として有名である。当初は高級官僚任用試験である科挙の勉強に励んでいたものの、不合格が続いて精神に変調を来し、折しも見た夢と外国人宣教師にもらったキリスト教のパンフレットとの奇しき一致によって、精神的に方向転換する。これまでなじんだ儒教を排撃し、キリスト教の教義に基づく（実際には誤解・歪曲が多い）新しい世界の建設を目指して布教を始め、いわゆる太平天国の勢力を形成する。清朝の勢力範囲の南側半分に勢力を広め、その勢いはまことに侮りがたく、清朝は外国の軍隊の力も借り、十年の歳月をかけてやっと鎮圧はしたものの、内側からもガタガタになってしまったのであった（外側からは、アヘン戦争に代表されるようにイギリスなどの圧力が押し寄せていた）。そうした事後の結果についてはともかく、当時にあって絶対的な存在である皇帝や儒教の価値を真っ向から否定してかかったこの「反乱」について、王朝側がよい評価を下すことが無い、ということは容易に察しがつく。

リンドレー著『太平天国』の表紙に描かれた洪秀全

さて、清朝についての歴史書としては、まずいわゆる正史に類する（前述のように、正史そのものとしてはあり得ない）ものとして『清史稿』がある。これは、清朝が滅んで中華民国が成立した後、一九一四年に中華民国政府が北京に清史館を設け、趙爾巽《ちょうじそん》をはじめとする清朝の遺臣たちを集めて編纂させたものであり、一九二八年に第一次の完成を見（いわゆる関内本）、その後度々改訂を加えてこれまでのところ何種類かの異本がある。全体は、本紀二五巻、志一四二巻、表五三巻、列伝三一六巻、の計五三六巻という巨大なヴォリュームから成る（現在入手しやすい中華書局の本による。以下、巻数などはそれの数字をあげる）。清朝の遺老たちが、清朝滅亡後まもなく取り組んだということもあって、その書物としてのスタイル、叙述の仕方は、従来の伝統的な正史のやり方を忠実に踏襲していて何ら変わるところがない。

この『清史稿』の巻四七五、列伝二六二、が洪秀全の伝になっている。その冒頭は、

洪秀全は、広東《カントン》花県の人。少《わか》くして飲博し無頼、演卜《えんぼく》を以て粤《えつ》・湘《しょう》間に游す。

と言い、生年月日も無ければ、その家庭についての記述も無い。ただ、若い時から飲酒や博打に耽《ふけ》り、中国の南の方の地方をうろうろさまよっていた、という文がそこにはある。基本データはない

これは、1854年の『絵入りロンドン・ニュース』に載ったもの。「剿滅粤匪図」との題に明らかなように、清朝の側から描かれたものである。そのため、清兵はいかにもきりっと描かれているのに対し、太平天国軍は対照的に情けない感じである。よくあるプロパガンダのポスターの類と言ってよかろう。

ものの、本人のキャラクターについての一つの先入観を与える文はある、という書き出しである。右は、当然、好意的な見方ではない。

　さて、咸豊《かんぽう》元年（一八五一年）、洪秀全は天王となのる。その折のことは、

　秀全、偽天王《ぎてんのう》と僭号《せんごう》す。

と書かれている。誤解のないよう言っておくと、洪秀全が自分で自分のことを「偽天王」となのるはずはない。彼は「天王」となのったのである。「天王」とは、古来より天子（皇帝）のことを指して言う語であるから、一民間人にしてなおかつ反逆者である洪秀全

が自らを「天王」と呼んでも、王朝側としてはそんなことを認めるわけにはいかない。だから、その不当なることを示すために、『清史稿』はここに「偽」の一字を加えたのである。さらに、「僣号す」と表現することで、洪秀全のこの行為がいかに身の程知らずであるかを明示し、その不当なることを強調している。原文にしてたった七文字の部分ではあるけれども、ここには、洪秀全の存在・行為に対する否定的評価があふれている、と言ってよい。そして、この部分以降、『清史稿』は、太平天国が任命した王や将軍についても、「偽朝将の王金瑞《おうきんずい》」とか「偽昭王の黄文英《こうぶんえい》」というように「偽」の一字を冠し、また、洪秀全の率いるいわゆる太平天国については「寇《こう》」あるいは「賊」という語で表記する。すなわち、徒党を組んで悪事を働くもの、と決めつけた表現で、彼らを呼ぶのである。

洪秀全と『清史』

こうした『清史稿』の記述に対し、『清史』は全く対照的な記述になっている。『清史』巻五三九、洪秀全載記、の冒頭は次のようである。

民族革命領袖太平天国天王姓洪氏、原名火秀、後改秀全、字仁坤。建国後自称洪日。広東広州府花県人。以嘉慶十八年癸酉十二月初十日、即陽暦一八一四年一月一日、誕生於邑城西北之福源水。

その文字表現を直接に示したいので原文で掲げたけれども、意味は充分に理解し得るであろう。まず、民族革命領袖、つまり民族革命のリーダーである太平天国の天王は、姓は洪、名はもとは火秀であったがのちに秀全と改めた、という。英雄扱いであることは明らかである。また、ここでは彼の生年月日が書かれている。太陽暦に直すと一月一日というその日付はあまりにわざとらしく、事実ではあるまい。しかし、ここでは、それが事実かそうでないかが問題なのではなく、そうした記事を必要とし挿入したその精神こそが我々にとっては問題である。

さて、『清史』の右の文に続く部分では、彼の祖先がもともとは中国史の主舞台であった中原の名家であったことを記し、その祖は南宋の時代にさかのぼると言う。洪秀全がいわゆる客家《ハッカ》、すなわち、もと北の方にいて後に南方へ移り住んだ漢民族の子孫、の出身であることは事実である。しかし、その祖先がはっきりと知られていて（それも七百年ほども前の）、しかももと朝廷の高官であったなどとは、これまた全くしらじらしい限りである。以下、何人もの祖先の名が記されているけれども、正直なところ信憑性はなく、ここではもう触れない。そしてその後には、洪秀全が子供のときには学業に秀でていたこと、科挙受験に失敗し、失望のあまり寝込んで不思議な夢を見たことに始まり、太平天国の滅亡まで、一般的に洪秀全について知られる事柄が書かれている。それについては省略しよう。ただ、先の『清史稿』との対比で触れておかねばならないのは、この『清史』では、太平天国のことを「寇」「賊」などとは決して呼んでいない、ということである。太平天国は「民族革命」であり、「起義（正義の兵を起こす）」なのである。『清史』の太平天国に対する見方は、洪秀全載記の末尾によく示されている。

太平天国が滅び、太平天国軍が滅んだとはいえ、民族革命運動の発展はなお続いていく。この戦いの後、漢民族を復興し満州族を倒そうとする革命の種は全国に拡がり、広く人々の心に入ったのだ。しばらく沈滞していた民族精神が、ここにようやく呼び起こされた。

洪秀全あるいは太平天国は、「お上にたてつく無法な犯罪者」ではない。王朝支配、それも満州族による清という政権こそ、むしろ中華を蹂躙《じゅうりん》した不当なもの、という意識がそこにはうかがえる。そして、洪秀全載記は、一九一二年元日に中華民国が誕生し、孫文が臨時大総統に就いたこと、この民族革命運動の成功は太平天国のわずか四八年後のことであること、を言って締めくくられる。蛇足と言えば完全に蛇足であり、我々としては不要な文にしか思われない。しかし、『清史』が誰によって、いつ、どのような意図を以て編纂されたかについて見るならば、こうした文の存在も理解できる。

『清史』編纂の経緯と特徴

『清史』は、清朝に対する革命（辛亥革命）によって成立した中華民国、それを正統に承けている合法的政権を自認する台湾の中華民国政府が、中華民国開国五十年記念事業として企画し、一九六一年、台北《タイペイ》の国防研究院によって出版されたものである。『清史稿』をベースにしながらも相当な改訂を加えており、構成のうえでも補編二一巻が加えられるなどの違いがある。その補編は、南《なん》明《みん》紀五巻、明遺臣列伝二巻、鄭成功《ていせいこう》載記二巻、洪秀全載記八巻、革命人列伝四巻から成り、この補われた部分の名称を見るだけでも、この新しい『清史』の意図するところがうかがえるけれども、「編纂後記」にそれは具体的に述べてあるから、そこを見ることとしよう。

「編纂後記」は、次のように言う。

本書の編纂は、趙爾巽らの編纂した『清史稿』をベースにしている。『清史稿』は清の遺老たちが作ったものであるから、南明（清朝の成立後も存続した明朝の亡命政権）や鄭成功・太平天国についての記述は意見がわかれるところであるし、中華民国の建国についても貶《おとし》めた記述がある。国民政府が南京に都を定めた後、かつて発行禁止処分を公布したのも、まことに理由のあるところである。国防研究院の張其《ちょうき》氏が、中華民国の成立から五十年がたつのにいまだに清朝史の定本がないとして、総統兼院長の蔣介石《しょうかいせき》に重ねての編纂をお願いしたところ、調査の上、可となった。名儒を招き、一年間力を尽くし、本全体の完成・出版が成ったのである。

要は、南明・鄭成功・太平天国のように清朝に反抗したもの、あるいは清朝を倒した中華民国に対して、『清史稿』は悪意を持った書き方をしており、それは認められない、だから書き換える必要がある、ということである。状況ははなはだ簡単である。編纂後記には、どの部分のいかなる点について改訂を加えたかが記してある。その中から、洪秀全に関する箇所を見てみよう。

洪秀全は微賤から身を起こした民族英雄であり、十余年の内に、中国の西南部の隅から長江の南北に及ぶまで勢力を広げ、金陵に都を置き、清に匹敵するほどにまでなった。中華民族五千年の歴史でこれに並ぶほどのものはなく、ある人は、洪秀全は天が生んだ異人であり、それゆえにこれほどの尋常ならざる功績を上げたのだ、とまで言う。実際、満州族は、異民族として中原（中国）に入り、民族的偏見をもって、漢民族を鞭打すれば事足りるとしていたので、漢民族の鬱憤は積み重なり、ついにそれが爆発して収拾できないところにまで至ったのだ。漢民族の潜在能力の偉大さがわかるというものである。しかし、もとの『清史稿』はこうした道理に暗く、洪秀全を「賊」と言い「寇」と言うなどは是非を混同するものであって、歴史家としての公正な態度を失うものである。この載記では、民族の大義の観点から洪秀全の建国の大業を叙述しており、物の道理の大本をよく知るというべきである。（以下略）

このように『清史』は、『清史稿』は歴史家としての公正な態度を失っていると非難するのであるが、「民族英雄」という前提で『清史稿』の記述を全てひっくりかえす『清史』のやり方も、果たして歴史家としての公正な態度と言えるのかどうか、首をひねるところである。しかも、『清史』は、洪秀全を革命英雄として持ち上げるため、彼の祖先がもともとは中原の名家でその祖は南宋の時代にさかのぼり、もと朝廷の高官であったという記事まで加えている。しかし、こうした記事が洪秀全の評価を高めることになると考えているなら、結局『清史』の編纂者たちの脳裏にある価値観は、『清史稿』の編纂者たちの持っていた価値観と本質的には大差がないとすべきではあるまいか。その意味で、手口は単純、発想は貧困である、とすら言えよう。

洪秀全をめぐる『清史稿』と『清史』の態度

同じ洪秀全という人物を扱いながら、その評価・叙述が全く正反対の歴史書が、こうして二種存在する。我々にとっては、二種ともにうさん臭い眉唾もの、ということに結局はなるであろう。何も両書とも嘘八百ばかり書いているというわけではない。「評価」があまりにも前面に出過ぎるが故に、あるいは「評価」と叙述があまりにも一体となり過ぎているが故に、信頼性が損なわれている、ということである。歴史書を編纂するということの意味が、政治的意味と結び付き、象徴となってしまったが故に、こうしたことが起こり得るのである。

歴史を叙述するには、当然ある立場に立たねばならない。ただし、その立場が、叙述される対象に対してあまりにも露骨な評価を前面に出しつつ表れてくるのではそれこそ「公正な態度」ではなく、当の歴史書の価値を下げるだけではないだろうか。右に引いた例では、『清史稿』も『清史』も両方とも、結局は洪秀全を客観的対象として見ることができていない、という他はない。清朝史は、この二書によっては満足な成果を上げることは期待できない。事実、清朝史研究において、この二書は基礎資料でもないし、必須資料でもないのである。

『清史稿』も『清史』も、いずれも従来のいわゆる正史のスタイルをとっており、そのことが、結局両書の本質的部分に色濃く反映されている。二〇世紀になって、正史はついにその限界を余すところなく露呈し、その存在理由を完全に断たれたと言ってよい。

3　蛮夷伝の行方

いわゆる「中華思想」

「中華思想」なる言葉がある。今では、一般的に自分の国・民族の持つ文化を世界における最高のものと考える思想のことを指して言うことも多いけれども、本来は、中国人、それも漢民族が自分たちの文化を最高と考えていたことから出た言葉である。この考え方は、自分たちと、異なる文化を持つ他者とを弁別し、そこに存在する違いを認識した上で、自分たちを上位におく、という価値観の方向性を持つ。その点からすれば、実は「中華思想」というよりも、「華夷思想」という方が適切である。

この考え方は、必然的に他者を卑しめる。すなわち、「夷狄《いてき》」と呼んで蔑《さげす》むのである。「夷狄」は、さらに細分化すると東西南北を冠して、東夷《とうい》・南蛮《なんばん》・西戎《せいじゅう》・北狄《ほくてき》、の四種となる。これは、中国から見て東にあるものを夷、南にあるものを蛮、といったように、他国・他民族をひとまとめにしてくくった言い方に過ぎず、常に特定の対象を指して夷とか蛮とか言った（あるいはそういう名の国・民族があった）のではない。それ故、東夷の中には朝鮮も入るし日本も入るし、という具合なのであった。

こうした発想の源はよほど古いと見られる。『論語』によれば、孔子が他民族蔑視風の発言をしているから、彼の当時に既に一般的な思想として人々の脳裏にあったらしい。前漢には確実に成立していたと考えられる『礼記《らいき》』の中には、

東方を夷と曰う。被髪文身《ひはつぶんしん》。火食せざる者あり。南方を蛮と曰う。雕題交趾《ちょうだいこうし》。火食せざる者あり。西方を戎と曰う。被髪衣皮《ひはついひ》。粒食せざる者あり。北方を狄と曰う。羽毛を衣《き》、穴居す。粒食せざる者あり。中国・夷・蛮・戎・狄、皆《み》な安居《あんきょ》・宜服《ぎふく》・利用・備器あり。　王制

とあり、中国と四方の蛮夷という世界構造が既に明確に示されている。このように、紀元前の段階で中国と周辺諸民族の間に文化的な差異、それも優劣を伴う差異があるという思想が確立されていたことは疑いない。ただし、中国が分裂していた春秋戦国期にあっては、中国対周辺諸民族とし

てのみ中華思想がはたらくのではなく、中国の内部にあって自国対他国という関係の場合にも中華思想がはたらいていたようである。その意味で、初期中華思想は、文化交流が活発でなく、他者理解が不充分な時期によく見られる独りよがりに過ぎぬ、とも言えよう。とはいえ、それは後には中国全体を覆い、統一体としての中国とその周辺諸国との関係を規定するものとなり、国家政策のうえにも影響を及ぼすのであるから、ただ単に冷笑してばかりはいられない。

この東夷・南蛮・西戎・北狄の夷・蛮・戎・狄は、間違いなく、差別用語である。現在から見てそうであるというだけではなく、過去においてまさに差別をするために使われた典型的差別用語である。そのことは、蛮が虫を、狄が犭（けものへん）を部首とする字であることに集約されている。そしてこれは一般庶民が使う俗な言葉というわけではなく、歴史書にも用いられたし、そもそも儒教の経典に用いられた語であり、その意味では極めて「由緒正しい」言葉であった。

歴代正史の蛮夷伝

いわゆる正史の中に、中国の周辺諸民族について記した部分が設けられることは珍しくない。中国皇帝は世界を統べる最高の存在であり、たとえ国としての直接の交流がなくとも、情報が伝わる限りにおいて、存在するあらゆる国について歴史書中に記しておくことは、当時の歴史書の作り方としては当たり前であった（例えば、国交など全くないインドや中近東の国についても記事がある）。そして、その際にそれらが「蛮夷伝」という名称にされているのは、右に述べた事情から、しごく当然の流れではある。後に見るように、「外国」という言葉がなかったわけではない。しかし、そんな語をあえて使う理由は特別ない。蛮夷の語は、儒教の経典にだって用いられている由緒正しい語であり、それをあえて避ける理由は、少なくとも漢民族としてはどこにもないのである。

歴代正史においては、司馬遷の『史記』にまず西南夷列伝があり、『漢書』もそれを受け継いでいる。この二書においては、東夷・南蛮・西戎・北狄という四分類はまだ確立していない。『史記』は、中国以外の地域については、匈奴《きょうど》・南越《なんえつ》・東越《とうえつ》・朝鮮・西南夷・大宛《だいえん》といった列伝が立てられており、東西南北という分け方ですらない。さらに、『漢書』は、『史記』の南越・東越・朝鮮・西南夷をひとまとめにして一巻にするに至り、また、大宛列伝をやめて西域伝として大宛も含む中国の西方にある国々について記している。こうした点からすれば、『史記』『漢書』の蛮夷伝は、東西南北に配当した理念図のようにはなっておらず、未発達あるいは未成熟と言うべきであろうか。もちろん、時代によってさまざまな事情はある。四方の情報がコンスタントに充分に入ってくるとは限らない。敵対関係にある場合とそうでない場合とでは、扱いに差が生じてもそれもまた当然であろう。そうしたことができあがった本に反映され、蛮夷伝があったりなかったり、東西南北が揃わなかったり、といったことが生じるのは仕方がない。それ故、東西南北がきちんと揃うようになるまでには時間がかかり、その後の『後漢書』『三国志』も整っておらず、南北朝期の歴史書も（当然ながら）揃っていない（なお、『三国志』の有名ないわゆる魏志倭人伝は東夷伝の一部である）。東夷・南蛮・西戎・北狄が揃うのは唐代に入ってからであり、すなわち、歴史書としては唐代に編纂された『晋書《しんじょ》』『隋書《ずいしょ》』にそれらが現れている。唐の滅亡後、五代の時代に編纂された『旧唐書《くとうじょ》』にも東夷伝・南蛮伝・西戎伝・北狄伝が設けられていて、その傾向を引き継いでいる。

こうして中国的支配の理念像から生じたこの蛮夷伝は、そもそもが前述のように古い起源を持つ思想の現れなのであるから、以後の歴史書にも固定化されたであろう、と推測するのは自然である。しかし、事態はそうはならず、むしろ蛮夷伝の名称は以後消えゆくこととなる。例えば、『宋史』には、東夷伝・南蛮伝・西戎伝・北狄伝といった名称はなく、その代わり外国伝一〜八が設けられ、西夏《せいか》・天竺《てんじく》のような従来の範疇で言えば西域（西戎）伝に入れられていたもの、あるいは高《こう》麗《らい》・日本のように従来は東夷伝に入れられていたものがここに収められている。ただし、『宋史』には蛮夷伝一〜四という部分もまだある。しかし、そこに収められているのは中国の最南部地域にほぼ限られていて、従来の意味での蛮夷とはぴったり対応するものではない。『元史』には外夷伝一〜三が設けられているけれども、その含む範囲は至って狭く、東と南だけが扱われている。正史としては最後の『明史』には、外国伝一〜九、西域伝一〜四があって、四方の諸国がその中に収められているとは言え、ここでとうとう蛮夷伝の名称（あるいは夷蛮戎狄という称呼）が消えてしまうこととなった。これは何を意味するのであろうか。中華思想が消滅し、差別意識がなくなったことを意味するのであろうか。事実は決してそうではない。

蛮夷伝の名称が消える

中国の歴史は漢民族を中心とした歴史である。しかし、そこには周辺諸民族が常に関わってくるのであり、力の強弱によって敵対関係にも和平関係にもなり、転変は極まりない。殊に、漢民族王朝で言えば宋代（十世紀）以降、遼《りょう》（契丹《きったん》族）・金（女真《じょしん》族）・元（モンゴル族）・清《しん》（満州族）のように、異民族が中国の領域内に入り込んで来て国を建て中国人を支配する、というケースが現れて来た（これらをかつては征服王朝と言っていた）。異民族である彼らも正式な王朝であり、また皇帝であって、それぞれに『遼史』『金史』『元史』といった正史が作られている（前に述べた事情により清には正史はない）。こうした異民族王朝のことを記した正史、あるいは異民族王朝の時に編纂された正史に、蛮夷伝の名称が見られなくなる、ということなのである。

『宋史』は、モンゴル族によって建てられた元王朝の時に編纂された書である。従来の正史の方法に従えば、漢民族の宋が世界の中心として扱われ、宋の北辺にいたモンゴル族は当然「蛮夷」であり、モンゴル族についての記事は当然「蛮夷伝」の中で扱われねばならない。しかし、『宋史』を編纂したのはモンゴル族支配下の時であり、『宋史』の編纂にあたってその内容構成を決める際、モンゴル族が自分で自分のことを蛮夷と認定して『宋史』の中に書き入れるはずがない。何しろ宋を自分たちは滅ぼしたのである。卑下することも全く必要ない。従来どおりの書法でモンゴルについて蛮夷伝として作ることは、むしろ不当ですらある。そこで「蛮夷」の範疇からモンゴルは抜け出ることとなった。そのついでに北方の他の周辺諸国も「蛮夷」ではなく「外国」の扱いとなった。その代わり、南方は、何の容赦もなく「蛮夷」とされたままなのである。それは、元王朝建国の際、最後まで抵抗したことによるのか、あるいは北方のモンゴルとしてさっぱりなじみのないせいであるのか、いずれの理由もあり得よう。それらの南方の地域、現在の広西チワン族自治区・広東省・湖南省・貴州省・湖北省・四川省には、渓峒蛮《けいどうばん》と称された少数民族が居住していた。漢民族とは異なる風俗・習慣を持ち、焼畑農耕などを行う渓峒蛮は、やはりその異質性ゆえに、モンゴルから見ても「蛮夷」とされたのである。

『明史』の場合も同様な状況である。『明史』は、満州族によって建てられた清王朝の時に編纂された書である。ここでも、漢民族によって従来「蛮夷」とされてきた満州族が、『明史』編纂の際、自分で自分のことを「蛮夷」として蛮夷伝に入れるわけがない。殊に、満州族は自らが中国に乗り込んできた異民族であることを強く自覚し、「夷」の語に過敏であったから、なおのことである。正史の書法によれば間違いなく蛮夷伝扱いのはずの満州族の歴史については、蛮夷伝と称するのを改め、外国伝としたのであった。

明王朝それ自身が蛮夷思想を持っていなかったのではないということは、次の例で明らかである。すなわち、明王朝の周辺にはいくつもの異民族や彼らの建てた国があって、場合によっては明を脅かす存在ともなったが（土木の変のように皇帝が異民族オイラートによって捕虜とされてしまったことすらある）、朝貢などひとまずは平和的な関係を明との間に保っていた。それらの異民族と関係を保つため、当然、言語によるやり取りが必要である。異民族側が漢文を用い、常に漢文でコミュニケーションが取れれば明としては別に問題はないけれども、実はそうとばかりは限らない。異民族が、彼ら自身の言語で手紙を送ってくることもあったらしい。そこで、それらを漢文に翻訳する作業をする部署が朝廷内に必要となる。永楽帝の五年（一四〇七年）に設置された四夷館《しいかん》がそれである。すなわち、外国の朝貢に応じるため、特に蒙古《もうこ》・女直《じょちょく》・西番《せいばん》・西天《せいてん》・回回《かいかい》・百夷《ひゃくい》・高昌《こうしょう》・緬甸《めんでん》の八館を設け、訳字生と通事とを置いて翻訳をさせた、という（『明史』職官志）。後、必要に応じて館の数は増やされている。ここは、要は、対外的な文書を扱う部署であることは疑いがなく、そこに「四夷館」の名称が与えられているのである。明王朝それ自身は、やはり異民族のことは蛮夷だと考えていたことに間違いはない。伝統的な流れに沿って、やはりそういうものなのであった。

さて一方、『元史』は漢民族王朝の明の時に編纂された書である。編纂は確かに明の時であろうけれど、それは何も『元史』の文章のすべてが明の時代になってからオリジナルに書き起こされたことを意味するものではない。材料は元王朝の時から日々書かれていて蓄積されていたのであり、明の人はそれに多少手を加えたに過ぎない。従って、元の時からの材料がどれほどあったのかが『元史』の内容をかなりの部分決定する。支配民族であるモンゴルは、自分たちのことは本紀を中心に書けばよいのであって、それに皇族関係者の列伝が備われば、ひとまずはそれでよい。活動した領域としては、伝統的中国の領域から北や西、すなわち正史の書き方なら蛮夷伝で扱われる地域が、モンゴルにとってはウエイトが大きいのであるけれども、自分たちに関わることを、列伝、それも蛮夷伝になど書く（書く準備をする）わけはないのである。それ故、モンゴルが大活躍した領域である中国の北と西についての部分が設けられなくなる（欠落する）結果となった。こうして、『元史』には外夷伝として東と南が残されることとなったのである。

誰が蛮夷か

このように、従来の蛮夷伝が無くなっていく過程には、異民族王朝による中国支配という歴史的状況が反映されている、と考えられるのである。それ故、正史から「蛮夷伝」の名が消えたとしても、それは決して華夷思想を克服した結果なのではない。もと蛮夷と呼ばれた人々が中国に入って来て支配者層となったがゆえに、自分たちに対して用いられて来た差別用語を嫌った、ということだけに過ぎない。差別の存在という構造は変わらず、その主体と客体が変わったのである。だから、元の時代には、モンゴル人が最も上に立ち、その下に色目人《しきもく》（主にアラビア人）・漢人（中国の北側にいた人々）と続き、最後まで元に抵抗した南人が最も下位に置かれ、従来の構造が逆転した形でさまざまな社会的差別があった。清においては、満州人と漢人との間に、元の時のような極端な差別は無かった。清においてむしろ興味深いのは、西洋との関係である。周知のように、産業革命後のイギリスは通商を求めて何度も中国へ使者を派遣している。そのイギリス人のことを清朝の側では「夷」と呼んでいるのであり、例えばイギリス人側代表を夷目と称し、広州でイギリス人が留まるところは「夷館」と称されているのであった。のち、アロー戦争（第二次アヘン戦争、一八五六～六〇年）の際、イギリスは、自分たちのことを「夷」と呼んで卑しめるのをやめるよう清朝の側に求めている。すなわち、イギリスと清朝との間に結ばれた中英天津条約（一八五八年六月二六

日署名）の第五一条に、

爾今《じこん》英国女王陛下の政府もしくは臣民に対し、首都または地方における清国官憲の発せる清国公文書において「夷」の文字を使用せざるものとす。

とある。武力で負けても清は自分たちの優位を疑わず、イギリスを「夷」と称していたのであった。いや、あるいは武力で自分たちを脅かしたからこそ、その野蛮を責めてイギリスを「夷」と称していたのかもしれない。しかし、そのような姿勢は外交の場では通用するものではなかった。何しろ、対等の外交というものを中国は長く考えたことがなかったのだ。やってくる国々はすべて中国の徳を慕ってくるものたちであり、要は朝貢国である、としか認識しなかった。そうした全く身勝手な思い上がりが、近代中国の苦悩を生み出した理由の一つではあるに相違ない。

蛮夷伝という名称、あるいはその中身をめぐる以上のような状況によって、歴史書にはその作られた時代の価値観や作った人間の都合がいかに強く反映されるかが、明瞭に見て取れる。歴史書自身も歴史的産物であり、そして広い意味で文明の産物である。そのことが、よくわかるのではないであろうか。

終章

北魏・国史事件の意味するもの

北魏という王朝

最後に、歴史書が引き起こした事件として、北魏《ほくぎ》の国史事件について触れておきたい。この事件は、ひとことで言ってしまうと、完成した歴史書が当局の忌避に触れて廃棄せられ、編纂に携わった者も処刑されるに至った、という、弾圧めいた事件である。しかし、この事件の展開をたどっていくと、いわゆる思想弾圧とは次元を異にする、別な意識が問題の根底にあると思われる。以下、この国史事件について述べていこう。

秦《しん》の始皇帝以来、中国の歴史は、そのかなりの部分は統一された中国として存在していた。しかし、その統一が破れ、中国国内に同時に複数の王朝が並び立っていた時代がある。例えば、一〇世紀、唐王朝が滅び宋（北宋）王朝が立つまでの約五〇年間は五代十国と称される分裂の時代である。それ以前、ここで問題とする北魏が含まれる、三世紀初めから六世紀の末までの間のいわゆる魏晋《ぎしん》南北朝時代も同様であり、この間は中国が北と南に分かれてそれぞれの地域で王朝の興亡を繰り返した、そんな時代である。

魏晋南北朝時代で特徴的であるのは、南は漢民族による王朝が交代したのに対し、北は五胡《ごこ》十六国と称されるように非漢民族がいくつも王朝を建てたことである。王朝の生命としては短く、その領土も小さいながら、非漢民族が政権をとって漢民族を支配するという、中国史にそれまでない形態が誕生したのである（なお、のちにはいわゆる征服王朝として、遼《りょう》・金・元・清《しん》などが生まれる）。そうした小国の乱立を収め、南はともかく、華北を統一したのは北魏であった。

北魏は、右に触れてきたように、非漢民族である鮮卑《せんぴ》族によって建てられた王朝である。鮮卑族はその内部はいくつかの部に分かれており、北魏を建てたのは拓跋《たくばつ》部である。そもそも鮮卑は、おそらくはトルコ系の遊牧民族で、牧畜狩猟を主な業とし、小規模ながら農耕も行ったらしい。二世紀の半ば、檀石槐《だんせきかい》が大人《だいじん》（指導者）となった時、一度鮮卑諸族を合わせ、今のモンゴルの地域を治下に入れ、後漢王朝にも圧迫を加えた。のち、三世紀初めには、慕容《ぼよう》・乞伏《きつふく》・宇文《うぶん》・拓跋などの世襲君長氏族を中心とする鮮卑系部族連合体が、内蒙古《うちもうこ》の各地に勢力を張っていた。それが四世紀に入ると、晋《しん》朝が皇帝の位をめぐって果てしなく繰り広げた内乱によって無力化したすきに乗じて、鮮卑族は華北に侵入、居住するようになる。そのうち拓跋部は、山西北部の地を与えられ、三一五年には代《だい》王となった。さらに、三三八年には年号を建て、独立体制を整えたが、三七六年に前秦の苻堅《ふけん》（氐《てい》族の出身）に敗れ、一時衰亡する。しかし、前秦が淝水《ひすい》の戦いで晋に大敗すると、拓跋珪《けい》が部民を糾合し、諸部を統一して、三八六年に北魏王朝を開いた。その後、本格的に中国支配を開始することとなり、太武帝の時に華北統一を完成するのである（四三九年）。ここで取り上げる国史事件は、この太武帝の時のことである。

太武帝の中国化政策と崔浩

太武帝は、支配を行うに際し、中国的国家体制を採用することとした。制度の上で従来の中国王朝が採ってきた方法を踏襲するのはもちろん、自らの出身の鮮卑族に対しても、まずその部族を解散し、中国州郡の戸籍に編入して漢民族の中へ混入させる、という策を行っている。国政には、当然、漢民族出身の人物を採用して、重く用いている。こうした中国式の方法の採用は、北魏王朝を通して続くもので、のちの孝文帝の時には、ついに民族衣装や民族言語の使用までも禁止し、もともとの名字も漢民族風に改める、という所にまで至った。このように、鮮卑族出身の北魏王朝は、民族のアイデンティティを捨て、徹底的な中国化を図ったのである。

こうした太武帝の時の政治の中枢にあったのが崔浩《さいこう》（三八一～四五〇）であった。彼は漢民族の出身である。父の崔宏《さいこう》（?～四一八）は道武帝・明元帝の二代に仕えた人物であり、崔浩は彼の長男であった。崔浩は、天文を見て人事を占うのを得意とし、それによって明元帝に信任され、太武帝の即位後は、周辺国の征伐を勧めて成功を収め、その結果、国政の実権を握ることとなった。彼は、道士寇謙之《こうけんし》と結んで太武帝に道教を勧め、太武帝を入信させるなどもしている（その一方、仏教に対しては大弾圧を加えるよう献策している）。

さて、四三九年、北涼を滅ぼして華北を統一した太武帝は、自らの即位以来の征服の実録並びに北魏建国の歴史を編纂させることとし、崔浩を史職の総監に命じた。崔浩は大勢の史官をまとめ、執筆の分担を決め、そうしてこの国史は完成する。崔浩は、さらに三百万銭を費やしてこの国史を石に刻み、都の街頭に並べておいたという。完成した国史は、本来、太武帝にとっても崔浩にとってもまさにその栄光の絶頂となるはずであった。しかし、これが大問題となる。

国史事件勃発

すなわち、太平真君《たいへいしんくん》十一年（四五〇年）、崔浩の編纂したこの国史の中に鮮卑族を侮辱した記事がある、として問題化したのである。特に、北魏王朝成立前の鮮卑族の生活・文化状況に関する記事がひどかったらしく、国史を読んだ鮮卑族人がみな憤慨し、太武帝に訴え出る、という事態に至ったのである。実際に読んでみた太武帝も激怒してせっかく完成したもののこの国史を破棄、編纂の長であった崔浩を収監・処刑してしまう。さらに、国史の編纂に携わった者一二八人とその家族などもみな誅殺してしまう。これが、北魏の国史事件である。

この事件の背後には、そもそも漢民族と異民族との根深い対立、という状況があったに相違ない。つまり、朝廷内における民族対立が本質的原因であることは確かである。しかし、直接のきっかけは、あくまでも国史の記述である。完成した国史のいったいどこが太武帝はじめ鮮卑族の人々の怒りをかうことになったのか、国史そのものが破棄されて残っていない以上、実際のところはわからない。問題は、北魏の現在ではなく過去のこと、すなわち、鮮卑族の祖先を侮辱した、ということにあるらしい。その点について司馬光（北宋の人）の手になる名著『資治通鑑《しじつがん》』という歴史書は「国悪を暴揚した」と表現している。

それでは、崔浩は鮮卑族についてどのようなことを書いたのであろうか。資料を見る限り、崔浩は決して悪意に満ちたデタラメを書いたのではない。『資治通鑑』では「浩書魏之先世、事皆詳実。」、すなわち、「崔浩は北魏の祖先について、その実際のところを詳しく書いた。」と言っている。つまり、崔浩が書いたのは本当のことなのであり、しかも詳しく書いたというのである。どうしてそれが非難されねばならないのか。どうしてそれが「国悪を暴揚」することになるのか。問題は、むしろ崔浩にではなく、鮮卑族自身にあるのではないだろうか。そこに書かれた鮮卑族の過去の習俗こそ、実は鮮卑族の人々を怒らせた真の原因ではなかったか。

「未開」時代の鮮卑族

崔浩の国史は失われたけれども、鮮卑族のかつての習俗をうかがわせる史料がある。王沈《おうちん》（？〜二六六）という人が三世紀の半ばに書いた『魏書』という本は、現在完全な形では伝わっていない。しかし、その一部が、『三国志』（陳寿の著）の注に引用されていて、その中に鮮卑の習俗を記した部分が存在する。長くなるので全体の引用はここでは避けることとし、漢民族の目から見ていかにも奇異でかつ野蛮であると感じられる部分がそこには散見するので、そこだけを摘記しよう（なお、以下の文は、岡田英弘氏の『世界史の誕生』による）。

・若者を尊敬し、老人を軽蔑する。
・性質は乱暴で、怒れば父や兄を殺すが、母は決して害さない（母には里方があるから、復讐される恐れがある）。
・文書はない（つまり文字がない）。
・結婚は、先ず恋仲になって、男は女をさらってつれ去り、半年か百日経ってから、仲人を立てて馬・牛・羊を贈って結納の品とする。
・みな頭を剃っている。

・父や兄が死ぬと、継母や兄嫁と結婚する。
・人が死ぬと、死んですぐは泣くが、葬式では歌ったり踊ったりして送り出す。

以上の七点だけでももう充分であろう。紀元前に活躍した遊牧民である匈奴《きょうど》にも似た習俗があり、遊牧民にとっては取り立てて珍しくもない、いずれも彼らの論理からすればそれなりに合理的な要素をもつ事柄ばかりである。例えば「若者を尊敬し、老人を軽蔑する。」というのは、土地に定着せず、運動能力が重視され、武の要素が生活の中で重要な彼らにとっては、一応の理のあるところである。若者の力がなければ、老人も生きていけないのだから。しかし、漢民族の「中国文化」から見るならば、それは「礼に反する」全く野蛮な習俗であるとしか言いようがない。他についても全て同様で、特に「父や兄が死ぬと、継母や兄嫁と結婚する。」というのに至っては、およそ信じられない習慣であった。「文書はない（つまり文字がない）。」というのも、文の国である中国からは問題にならぬ未開ぶりであったろう。

事件の背後の鮮卑族のココロ

先に述べたように、北魏は、もとの鮮卑族の独自性を捨て、徹底的な中国化を図った王朝である。最終的には自分たちがもともと持っていた言語も衣装も名前すら捨てて、中国文化への同一化を進めた王朝である。その途上にあったこの太武帝の時代、鮮卑族の人は、もはや中国の風俗・習慣に完全に慣れ、祖先たちや過去の自分たちの持っていた文化を忘れ、あるいはそれに引け目を感じるようになっていたのではないか。文化的に開けた後、過去を振り返ってみて、そこに現在の目からは都合が悪いと感じられることがある場合、それが事実であったとしてももはやそれを過去の事実として受け入れることができない精神構造になってしまっている、ということは往々にして有り得ることである。卑俗な例ながら、功成り名を遂げた後、若いころの貧窮ぶりを隠そうとする気持ちに近いと言えようか。

この国史事件の背景にあるのは、鮮卑族の人々の中のこうした意識の変化なのではなかろうか。そもそも、どうして太武帝が国史を編纂しようと思い立ったかと言えば、それは、華北統一という大事業に太武帝が満足した結果の自信・誇りの表れであったわけである。鮮卑族は、現在、栄光に包まれた民族なのである。その鮮卑族は、過去に溯っても、自信と誇りに満ちた対象であらねばならなかった。彼らのその想いは、国史によって打ち砕かれた。しかも、それは漢民族の人間の手によるものであった。このように、現在の自信と誇りが、無残にも打ち砕かれたことに対する怒りの表現として、この事件は起こった。国史事件の一方の悲劇はここにあると、私は思う（もう一方の悲劇は、もちろん一族皆殺しにあった崔浩の運命である)。

北魏・国史事件が私たちに語ること

右のような北魏・国史事件は、歴史書について、あるいは歴史を学ぶというそのことについて、我々に教えてくれることが多い。とりわけ、「何のための歴史であるのか」という根源的な問題を、あらためて思い起こさせずにはおかない。歴史は、何よりも「事実」を前提にする。それが踏まえられないものは歴史ではない。そしてその「事実」に基づいて考察をし学んでゆく。右に述べた国史事件では、太武帝はじめ鮮卑族の人々は、「事実」を拒絶した。そこでは、「事実」は「事実」であるが故に拒絶されたのであった。学ぶ対象としてすらもその価値を認められなかった。鮮卑族にとっての過去が、現在の鮮卑族から見ていかにも野蛮であったとしても、そこから抜け出たことを、例えば自分たちの意志的行為による進歩の過程ととらえることができたなら、問題はなかったであろう。しかし、太武帝はじめ鮮卑族の人々は、歴史に初めから自信と誇りを求めた。この点にこそ、悲劇の原因がある。

歴史の中に先入観をもって事実を超越した「何か」を期待してしまうという姿勢からは、その期待に合わない都合の悪いことには一切蓋をするという、歴史の無視が生まれやすい。また、都合の悪い事実を拒否するという姿勢からは、独善的な誘導を意図した歴史の歪曲が生まれやすい。このようなことに、歴史学も歴史教育もともに、重大な注意を払わねばならない、と考えるものである。

歪んだ歴史意識は、必ずや歪んだ歴史書を生み出し、そしてそれは、その歴史書の中に現れる人々の(要は過去の)歪みではなく、そうした歴史書を作り上げたその時代の歪みをこそ示すものなのである。

膨大な歴史の中に埋もれまい

以上、五つの章にわたって中国の歴史書について述べてきた。『春秋』に始まり、『史記』が継承し、『漢書』に定まり、以下、量産を続けてきた中国の歴史書について、その数をここで確認しておこう。

先に触れた中国歴代正史には、芸文志《げいもん》ないし経籍志と呼ばれる、書籍目録の部分を有するものがあり、その初めは『漢書』芸文志である。ただし、『漢書』では書籍分類が現在とは異なり、そこには歴史という分類はない。歴史に当たるのは「春秋類」であり、『史記』もそこに含まれている。歴史が史部として固定するのは『隋書《ずいしょ》』経籍《けいせき》志(七世紀中ごろ成立)からであると言ってよかろう。

そこには、当時現存した歴史書八一七部一三二六四巻、失われたものも含めると八七四部一六五五八巻が載せられている。それよりさらに千百年ほど後の清朝、乾隆《けんりゅう》帝の時代に、『四庫全書』という、当時中国に存在した本を片っ端から集めた一大叢書が編纂された。これは一般的な漢籍分類に基づき、書物は、経部（儒教の経典）・史部・子部（諸子百家など）・集部（詩や文章など）の四部に分けてある。ここで問題の史部、すなわち歴史関係の書物がどれほどあったのかについて、『四庫全書』の目録というべき『四庫全書総目提要』を見てみると、合計二一三四部、三八二二四巻、という多数にのぼるという。わかるだけでも二倍を遥かに越える膨大な蓄積ができあがったことが知られよう。しかもこれは、清朝の、乾隆帝の時代に存在した本の数であり、例えばそれまでに失われてしまった歴史書も多数あったことであろうから、もしも、それまで実際に存在した歴史書についてすべて合計したならば、右の数を相当に上回ることは疑いない。中国に存在した歴史書は、これ程までに膨大な数にのぼるのである。歴史という分野が、中国の文化の上でどれほど重要な位置を占めてきたかが、ここからも理解できよう。本書が扱ってきたのは、その中で千分の一くらいのものでしかない。しかし、中国の歴史書が、その基本として背負ってきた性格については、その一斑くらいは明らかになったのではないかと考える。そして、中国の歴史書が陥ってしまった落とし穴とそこから抜け出る道とが少しは明らかになったのではないかと考える。

あらためて歴史書から考える

人間の営みは歴史書という形をとって、その時代・その場に居合わせなかった人々に伝えられてゆく。それ故、歴史書がどのようにできあがっているかこそが、その後に対して巨大な影響力を持つ、と言ってよい。そして、歴史書を作って来た作業そのものがまた、それ自身の独自の論理を持った一つの特殊な歴史を形成している。それは単なる歴史学の歴史（史学史）の扱いを越えて、それ自身が固有の意味を持つ分野としてあり、存在理由を主張し得る、と私は考える。その中に、私たちは、歴史を学ぶこと・研究することの意味を見いだし、これからの歴史を自ら作ってゆく主体としての意識を形成してゆく契機をも発見できる、と私は考える。私たちの時代は、後世に対して誇り得る歴史書を作れるのであろうか。繰り返し起こる「歴史教科書問題」をめぐる状況を見ていると、必ずしも楽観的な見通しは持ち得ない。本文中に記したように、歴史記録は常に権力によって、権力を得ようとするものによって、そして権力に追随する者によって、脅かされる。その危険性はいつまでたっても止むことはない。

歴史を学ぶこと・研究することの意味は多くの人に共通でなければならないとしても、歴史に何を求めるかは個人に任される所が多い。道を誤らぬための人生上の教訓を求めるのでもよい、自国に対する誇りを求めるのでもよい、歴史の中にはさまざまな種類のものが期待できるし、多くのものが得られるであろう。しかし、そうした自分なりの期待・希望に合わせるために歴史の方を都合よく改めようとする、ということがいかに愚劣で結局は無意味であるか、これまで述べた例でも充分であろうかと思う。一般に過去を美化する傾向が政治的主張と関係して現れることがよくある。しかし、過去の栄光というものは、それが確かに事実であろうとも、そして如何《いか》に大きいものであったとしても、現在も未来もそれによって救われるものではない。今を生きる全ての人にとっての課題は現在であり未来である。それは今後の営為、課題として自分たち自身のこととして負っていくほかはない。過去にどれほど偉大な先人がいようと、よみがえって我々を救ってはくれない。同じことをまねようとするのでも、実践するのは現在の私たちなのであって、しかも、あらゆる状況は先人の時と異なっているのであるから、最後の主体的判断はやはり私たち自身が行わなければならないのである。

また、思想史の上から言えば、人間はより良いと判断したものを、自らの主体的な意志の選択によって採って来たはずである。各個人の人間としての尊厳を自覚したのち、平等を掲げて身分制を破壊し、自由を掲げて抑圧からの解放を成し遂げて来た。そうした流れの中で、いったい私たちは、何を誇りとするのか、何を恥じるのか、その基準となる認識は充分に明らかになってきた。植民地支配の上に成り立った見せかけの繁栄を、今や誰が〝ベル・エポック〟と呼ぼうか。他人を虐げての繁栄など、私たちの時代にあっては「恥」以外の何物でもあるまい。また、自分が他人を虐げていることには無頓着なくせに、自分が受けたと感じた「傷」には過敏に反応して声高に相手を責めるような醜態も、今後は拒否あるのみである。

歴史は「上書き保存」ではいけない

しかし、こうして長年にわたる人間の歴史から獲得された認識は、決して私たちの遺伝子の中に自然に入っているものではない。あくまでも教育と学習によってそれを知り、社会の中で生きて身につけ確かめていくのである。例えば現在、全地球上にどれほど多くの思想があり、価値観があるか、考えてみればよい。同時代に生まれようと、人は決して同じには考えず、同じには生きない。違うレベルが横並びになった世界が間違いなく存在するのである。しかもそれは決して一つの道を進む途中の段階の違いとしてあるのではない。人間の持つ可塑性はもちろんその積極的な面を評価してよいとしても、逆に言えば、作られなければ人間は素材のままに止まるということをも意味する。生物の進化とは違うのであり、あくまでも内面の認識の問題なのであるから、二一世紀に古代人のメンタリティを持った人物が存在するということは矛盾でも何でもないし、むしろ教育されなかった結果としてそうした人物が多数出現することは有り得るのである。古代や中世の人を何か野蛮なように見るイメージがあるけれども、「野蛮」と称すべき事件は、現代の我々の毎日の新聞に絶えることはない。古代や中世におけるような人々の生活の姿や価値観は、二度と繰り返さぬ可能性がないわけではない。ただし、これは、私は、何も古代人や中世人をさげすむ意味で言っているのではない。古代であれ中世であれ、私たちがそこに見るのは必ず人間の生きた真実の姿である。時間軸上では古代や中世と名付けられてしまうが、そこに見られる人間の姿は、疑いもなく私たちと同じ人間存在それ自身の姿である。それ故に歴史を研究する意味があり、何百年何千年離れようと現代の我々が知る必要があるのである。現在はもちろん、未来も含めて、人間とはいかなるものであるのかを理解するために、必要なことなのである。

古代史についてよくコマーシャルに言う「古代のロマン」などとは全く馬鹿馬鹿しい限りで、古代人の生きた姿は現代人の娯楽鑑賞用のものではない。また、単純な発展史観の持ち主が近代史を持ち上げて古代史を軽視するのも、同様な理由で貧困である。たとえいつの時代でも、そこにはそれぞれの状況の中で選びとられ、形成された人間の真実がある。「全ての時代は神に直結する」とはランケの名言だが、それはいかにもキリスト者風の言い方であるから、私としては「全ての時代が人間の真実の歴史である」とでも言い直したい。これまた誤解のないようにいそいで付言すると、私の言う「全ての時代が人間の真実の歴史である」とは、古代から現代まで人間を貫いて観察される普遍的な本質がある、という意味ではない。そういうものはあるかもしれないし、無いかもしれない。そうではなく、どの時代であれ、どこの地域であれ、そこに営まれる人間の歴史は、まさに人間それ自身の中から出て来たものとして、揺るがぬ意味を持つ、ということである。さらに付け加えると、それは決してその過去の全てが今の私たちにとって等価値のものであるという意味でもない。繰り返してはならぬこと、まねしてはいけないこと、はっきり言ってよくないことはいっぱいある。先立つ章で力説したように、「評価」は別の論理であり、「実践」ならばさらに別の論理によってなされなければならない。

しかし、あらためて考えてみると、これまで歴史上に存在したありとあらゆることで、それが誤謬としてそして本当に絶対にいけないことであるとして克服された、という事柄は、むしろ少ないのではなかろうか。「今の自分たちはそれを選ばない」という形で、選択肢から外したに過ぎない、というのが実際のところではなかろうか。だからこそ、武力の行使も、民族や国籍による差別も、一般論としては誰しも良いと思わないにもかかわらず、国家や共同体の行う選択肢からは消え去ってはいないのである。いや、消え去るどころか、ますますその逆説的重みが増しているように思える。

今は、「自ら選び、責任を持つ」時代である。今後の世の中がどのようになるのかは、ひとえに私たちの「選択」にかかっているのであり、それゆえに責任も私たちにある。そのことを全ての人が確かに自覚しているであろうか。かつて地球上で起こったさまざまな悲劇が今後も起こるとすれば、もはやその責任を少数の狂信者に押し付けてすむということはない。道具や技術の発展ではない、まさに人間それ自身に発展はあるのか、仮にあるとしてもそれは技術の発展のように後ろ向きにならないものであるのか、確信を持てる人は果たしているであろうか。確信が持てないなら、どうすれば持てるようになるのか、それは何も歴史学だけの課題ではない。人間ならば誰もが考えねばならない課題である。

本書は中国の歴史書を扱ってきた。その中国の歴史であれ、あるいは我が日本の歴史であれ、研究は日々着実に進み、従来知られなかった事実の発見、新しい歴史観の提示が、重ねられつつある。では、最新のものこそ、最も高水準の到達地点として残されればよく、古いものは捨てられ顧みられなくてもよいのであろうか。そういうことはない。歴史の中から私たちが学ぶべきものがこれまでに述べたようなことであるなら、どの時期のどの歴史書もみな重要な意味を持つ。コンピューターで文書を作成すると、以前作成したものを修正した後は、最後の保存の段階で「上書き保存」をする。「上書き保存」では前のものは消されてしまって残らない。人間の歴史は、コンピューターの「上書き保存」のようであってはいけない。最新版だけが常に正しいとは限らないからである。積み重ねられてゆく、その重さを感じねばならない。大きさと重さから、実感できることもまたあるのである。

【参考文献】（入手可能な日本文のものに限った）

■全体

稲葉一郎『中国の歴史思想』創文社、一九九九年
内藤湖南『支那史学史』弘文堂、一九四九年。のち、『内藤湖南全集』第十一巻、筑摩書房、一九六九年、また、平凡社東洋文庫、一九九二年、に収む。
神田信夫・山根幸夫『中国史籍解題辞典』燎原書店、一九八九年
竹内康浩「〝あるべき歴史〟と〝あった歴史〟」（宮崎正勝・竹内康浩・徳川直人編『ゆれる世界と知の複合』東京書籍、一九九六年）
竹内康浩「中国の歴史書」（北海道教育大学史学会『史流』39、二〇〇〇年）
中山治一『史学概論』学陽書房、一九七四年
増井経夫『アジアの歴史と歴史家』吉川弘文館、一九六五年
増井経夫『中国の歴史書　中国史学史』刀水書房、一九八四年
早稲田大学文学部東洋史研究室編『中国正史の基礎的研究』早稲田大学出版部、一九八四年
※なお、明徳出版社の「中国古典新書」のシリーズ中に、以下に示すように、中国の歴代正史などがいくつか含まれている。いずれも、該書に関係の専門家によるもので、是非、参考とすべきものである。
鎌田正『春秋左氏伝』一九六八年
福島中郎『史記』一九七二年
鈴木由次郎『漢書藝文志』一九六八年
高木友之助・片山兵衛『漢書列伝』一九九一年

藤田至善『後漢書』一九七〇年
中林史朗・渡邊義浩『後漢紀』一九九九年
宮川尚志『三国志』一九七〇年
越智重明『晉書』一九七〇年
古賀登『新唐書』一九七一年
日野開三郎『五代史』一九七一年
竹内照夫『資治通鑑』一九七一年
島田正郎『遼史』一九七五年
外山軍治『金史』一九七五年
小林高四郎『元史』一九七二年

■第一章

小倉芳彦訳『春秋左氏伝』全三冊、岩波書店（岩波文庫）、一九八八〜八九年
野間文史『春秋正義の世界』渓水社、一九八九年
野間文史『春秋学　公羊伝と穀梁伝』研文出版、二〇〇一年

■第二章

大島利一『司馬遷と『史記』の成立』清水書院（清水新書）、一九八四年
小川環樹ほか訳『史記列伝』全五冊、岩波書店（岩波文庫）、一九七五年
川勝義雄『中国人の歴史意識』平凡社、一九八六年

五井直弘「『史記』と正史」（浜林正夫・佐々木隆爾編『歴史学入門』有斐閣、一九九二年）
佐藤武敏『司馬遷の研究』汲古書院、一九九七年
白川静『中国の古代文学』全二冊、中央公論社、一九七六年。のち中公文庫、一九八〇～八一年
武田泰淳『司馬遷　史記の世界』講談社（講談社文庫）、一九七二年
田中謙二・一海知義『史記』全五冊、朝日新聞社（朝日文庫、中国古典選18～22）一九七八年
野口定男ほか訳『史記』全三冊、平凡社（中国古典文学大系、また中国の古典シリーズ）、一九六七年（一九七二年）
野口定男『史記を読む』研文出版、一九八〇年
平勢隆郎『史記二二〇〇年の虚実』講談社、二〇〇〇年
藤田勝久『史記戦国史料の研究』東京大学出版会、一九九七年
吉本道雅『史記を探る』東方書店、一九九六年

■第三章

今鷹真ほか訳『三国志』全八冊、筑摩書房（ちくま学芸文庫）、一九九二～九三年
小竹武夫訳『漢書』全八冊、筑摩書房（ちくま学芸文庫）、一九九七～九八年
高島俊男『三国志人物縦横談』大修館書店、一九九四年。のち、『三国志きらめく群像』と改題して、ちくま学芸文庫、二〇〇〇年
増井経夫訳『史通』研文出版、一九六六年（一九八一年）

■第四章
井波律子『三国志演義』岩波書店（岩波新書）、一九九四年
上西泰之「宋代西南の少数民族」（『アジア遊学』9、勉誠出版、一九九九年）
クリスチャン・ダニエルス「少数民族の歴史をどうみるのか」（同右）
小島晋治『洪秀全と太平天国』岩波書店、二〇〇一年

■終章
岡田英弘『世界史の誕生』筑摩書房、一九九二年
西嶋定生「中国における歴史意識」（『岩波講座　世界歴史』第三〇巻、別巻、一九七一年。のち同氏『中国古代国家と東アジア世界』東京大学出版会、一九八三年、に収む）

あとがき

私がこの本を書こうと思ったのは、主に二つの理由からです。

まず一つ目は、歴史を学ぶ目的は何であるか、という問いに対する自分なりの回答を出したい、ということです。この「歴史を学ぶ目的は何であるか」という問いは、まさに歴史学という学問そのものの存在理由にかかわる大変重要な問題です。そのため、これまでに、多くの著名な歴史学の大家が著書・論文の形で答えを公にしてきました。特に、『歴史学概論』のような著において、長年の研究を踏まえた重みのある見解が表明されています。しかしながら、ある意味では皮肉なことにと言いましょうか、そうした見解が高邁であるほど、歴史を専門とはしない人にとっては何か縁の薄い、近づきがたい、ありていに言えばわけのわからないものとなってしまっていた、と言わねばならなかったのであります。例えば、大学の歴史学専攻の学生にとってさえ、公刊されている

『歴史学概論』のほとんどは一読して共感を抱きがたいものとなっています。その主な理由は、それらにありがちな、すでに歴史学を自らの職業にまでしている人にとっての、一種の「信仰告白」のような論調にもあったと思います。「歴史とは過去との対話である」などといわれても、そのいかにも高踏な言い回し、現実離れした感じにとまどうのが正直なところでしょう。私もその一人でした。歴史研究を職業とするようになってから、多くの『歴史学概論』を読み、勉強を重ねていくにつれ、多くの歴史家たちの見解に感銘を受けながら、しかしこれでは歴史学の存在意義について一般の人に理解してもらうことは難しい、との感を強くしました。私は、まだ歴史を学び始めて間がなく、何ら大した業績を持つ者ではありませんが、目下のところの私なりの回答をここに書いてみました。歴史は単なる知識の集積や見せびらかしの教養ではありません。かつてこの世に生きた生身の人間が確かに残した、人間の生き方・社会のあり方のサンプルです。現在そして未来、我々はどういう人間・社会を望み形成していくのか、抽象的な思惟によってではなく、歴史の中から学ぶのが何より正しい方法なのです。そのことを伝えたいと思いました。

そして、そうしたことを学ぶためのサンプルとして、中国の歴史は極めて重要なものである、ということが、私がこの本を書こうと思った二つ目の理由です。時代も長く、そこに生きた人々の数も多ければ起こった出来事の数も極めて多い、そして我が日本の歴史にも計り知れぬ影響を与えた中国の歴史は、もっと関心が持たれてよいと思うのです。高貴なものも卑しいものも、賢いものも愚かなものも、極端なダイナミックレンジをもって存在したのが中国史です。そして、そこに例を採り、先に述べたような目的を果たすために最適のサンプルになるのは、中国の歴史書の作られ方ではないか、と思い至りました。歴史を知るには歴史書を読むほかありません。しかし、歴史書それ自身、歴史的な条件の制約を受けたものであります。そしてその制約の中に、各時代の人間の価値観が込められています。それを読み解くことは歴史理解・人間理解のために大変重要なことです。この本は、そうした問題意識に発した私なりの模索でもあるわけです。中国の歴史書を扱った本は、これまでにも有名な内藤湖南の本をはじめ、いくつかあります。しかし、こうした意味からは、書かれた目的はずいぶんと違う、と言えるかもしれません。歴史を記録することをめぐっての人間の（特に権力の）意識について、私は主に関心を寄せてこの本を書きました。そこから何か考えていただければ幸いです。

歴史を学ぶということは、単にむかしばなしを知るということとは違います。日本人は、何か感動的なお涙頂戴的「お話」を歴史に期待するようですが、それは学問としての歴史とは別物です。未来を作っていくための、重い重い実例として、我々は歴史を受け止めなければならないのです。この本の中身だけでは、まだまだその重みは充分ではありません。私自身、引き続き勉強していきたいと思います。
私の未熟な現段階での考えを、こうして公にする機会を与えてくださった大修館書店には、心から感謝申し上げたいと思います。

二〇〇二年四月

竹内　康浩

[著者略歴]

竹内康浩（たけうち　やすひろ）

1961年、青森県弘前市生まれ。1984年、弘前大学人文学部（東洋史専攻）卒業。1990年、東京大学大学院人文科学研究科博士課程（東洋史専攻）単位取得退学。現在、北海道教育大学教育学部釧路校（東洋史）教授。殷周青銅器及び『山海経』に関心を持ち、中国古代史を勉強中。また一方、歴史教育・歴史学習の意義について思索中。

〈あじあブックス〉

「正史《せいし》」はいかに書《か》かれてきたか――中国《ちゅうごく》の歴史書《れきししょ》を読《よ》み解《と》く

NDC222／x, 181p／19cm

初版第1刷――2002年6月10日

第3刷――2020年9月1日

著者――竹内康浩《たけうちやすひろ》

発行者――鈴木一行

発行所――株式会社大修館書店

〒113-8541 東京都文京区湯島2-1-1

電話03-3868-2651（販売部）03-3868-2290（編集部）

振替 00190-7-40504

[出版情報] https://www.taishukan.co.jp

装丁者――本永惠子

印刷所――壮光舎印刷

製本所――ブロケード

ISBN978-4-469-23183-0　Printed in Japan